SEJA O LÍDER QUE O MOMENTO EXIGE

CÉSAR SOUZA

SEJA O LÍDER QUE O MOMENTO EXIGE

As Cinco Forças que fazem a diferença

1ª edição

best.
business
RIO DE JANEIRO – 2018

CIP-BRASIL. CATALOGAÇÃO NA FONTE
SINDICATO NACIONAL DOS EDITORES DE LIVROS, RJ

S714s Souza, César
Seja o líder que o momento exige: as Cinco Forças que fazem a diferença / César Souza. – 1ª ed. – Rio de Janeiro: Best Business, 2018.
192 p.; 14 × 21 cm.

ISBN 978-85-68905-25-8

1. Liderança. 2. Negócios. 3. Motivação no trabalho. I. Título.

18-50094
CDD: 658.314
CDU: 658.310.13

Seja o líder que o momento exige, de autoria de César Souza.
Texto revisado conforme o Acordo Ortográfico da Língua Portuguesa.
Primeira edição Best Business impressa em julho de 2018.

Copyright © 2007, 2018, César Souza.
Todos os direitos reservados. Proibida a reprodução, no todo ouem parte, sem autorização prévia por escrito da editora, sejam quais forem os meios empregados.

Design de capa: Carolina Vaz.

Direitos exclusivos de publicação em língua portuguesa para o Brasil adquiridos pela Best Business, um selo da Editora Best Seller Ltda. Rua Argentina, 171 – 20921-380 – Rio de Janeiro, RJ – Tel.: (21) 2585-2000.

Impresso no Brasil

ISBN 978-85-68905-25-8

Seja um leitor preferencial Best Business:
Cadastre-se e receba informações sobre nossos
lançamentos e nossas promoções.

Atendimento e venda direta ao leitor: sac@record.com.br ou (21) 2585-2002.
Escreva para o editor: bestbusiness@record.com.br

www.record.com.br

Nota da editora

Esta é uma obra de ficção. A inserção de personagens reais procura ilustrar, por meio de exemplos concretos, a prática dos princípios de liderança apresentados neste livro. A participação nominal deles na narrativa é sempre ficcional. Suas histórias e os diálogos ficcionais que os envolvem foram construídos a partir de diversas fontes: conversas com o autor, observação em eventos, palestras, relatos de terceiros, artigos, livros, sites, documentários e matérias publicadas na imprensa, como mencionado na bibliografia.

Esta obra é uma edição revisada e atualizada do livro intitulado *Você é o líder da sua vida?*, publicado em 2007.

Para Cris, cúmplice nas viagens de ontem, hoje e sempre.

Sumário

Introdução: Seja o Líder que o momento exige • 11

1. O Enigma da Liderança • 23
2. A "Fábrica de Líderes" • 33
3. O Líder 360 graus • 47
4. O Líder Empreendedor • 61
5. O Líder "Construtor de Pontes" • 77
6. O Líder Inspirador • 91
7. Construa um Propósito, trabalhe por uma Causa • 103
8. Forme outros líderes • 115
9. Surpreenda pelos resultados • 129
10. Inspire pelos valores • 141
11. As Cinco Forças do Líder Inspirador • 161

Epílogo: Você é o Líder da sua vida? • 177

Agradecimentos • 181

Bibliografia e fontes de consulta • 183

Introdução

Seja o Líder que o momento exige

Um verdadeiro apagão de líderes corrói as empresas, escolas, famílias, comunidades. Por toda parte percebemos a escassez de lideranças, não só no mundo político, ou esbarramos com a proliferação de indivíduos em posição de comando cujos valores são, no mínimo, questionáveis. Basta olhar ao redor ou ler os jornais para nos surpreendermos a cada dia com as peripécias de líderes oportunistas, tanto no Brasil quanto em vários outros países.

É bem mais profunda a origem dessa severa turbulência, que tem abalado a estrutura do mundo há quase uma década, afetando a vida de milhões de pessoas. O desenrolar da crise revelou que não se trata apenas de um problema de escassez de recursos, mas também de escassez de líderes responsáveis. Assistimos a uma crise de valores em que interesses pessoais de curto prazo têm posto em risco a sustentabilidade do sistema e levado ao caos várias empresas consideradas ícones do mundo moderno, fazendo ruir as bases de economias até então consideradas sólidas. A crise é também de liderança!

Mas não é apenas nas esferas política e empresarial que sentimos a falta de líderes inspiradores. Esses sintomas também se manifestam nas escolas: professores que raramente conseguem despertar a atenção de alunos desmotivados e indisciplinados; educadores intimidados por crianças que sequer chegaram à adolescência; uso crescente da violência verbal e até mesmo física para resolver desavenças; jovens que muitas vezes têm mais acesso à informação que seus mestres despreparados. Em muitas comunidades, as adversidades causadas pela inexistência de infraestrutura básica são tão severas que o ofício de ensinar transforma-se quase que diariamente em uma operação de guerra. De modo geral, nosso modelo educacional está formando profissionais para uma realidade já ultrapassada. Nossos educadores não estão conseguindo orientar os estudantes para enfrentar os desafios do futuro. Preconceitos e vários tipos de discriminação estão fortemente presentes entre alunos, pais, professores, diretores e funcionários de escolas brasileiras.

Muitas vezes, o que ocorre nas salas de aula é reflexo do que acontece em casa. Pais que não sabem mais negociar limites e reagem com incrível submissão a hábitos e desejos absurdos e irreais dos filhos. Infelizmente, nos lares, as histórias de filhos agredindo de diversas formas os próprios pais deixaram de ser exceção. Ficamos chocados com os casos de adultos mantendo filhas menores em cativeiros e com a prática de abuso sexual na própria família. Também aumenta o número de divórcios, muitas vezes causados pela falta de compartilhamento da liderança, que costuma levar um dos membros do casal a buscar alternativas de vida à tirania do outro.

Nas ruas e em eventos públicos e esportivos, assistimos estarrecidos aos atos de vandalismo e violência que assustam as pessoas que saem de casa para trabalhar ou em busca de diversão e lazer. Muitas vezes, a competência para influenciar os outros e para aglutinar interesses é utilizada para prejudicar inocentes, como é o caso de torcidas organizadas, cujos integrantes se cadastram formalmente, não apenas para torcer por seus clubes, mas para provocar, agredir e travar verdadeiras batalhas, como se estivessem em uma guerra. Na indústria de entretenimento e até mesmo nos esportes somos surpreendidos a cada dia com os relatos de casos de assédio a jovens atletas e artistas, com diversas formas abusivas do uso do poder.

Nas empresas, ainda predominam mais chefes que líderes. Faltam sucessores preparados, e testemunhamos o triste espetáculo de empresas sólidas se desmancharem quando seu fundador sai de cena. Ficamos surpresos ao tomar conhecimento da perda de verdadeiras fortunas destinadas a moldar gerentes mais eficientes, mas que não conseguem formar líderes eficazes. Muitos empreendimentos potencialmente vitoriosos sucumbem diante da triste constatação: "A ideia é boa, mas infelizmente não temos quem possa liderar esse projeto!"

A maioria dos profissionais queixa-se de que não consegue o tão sonhado equilíbrio entre as várias dimensões de suas vidas — profissional, familiar, pessoal, espiritual, financeira, saúde, cidadania. O grau de infelicidade e frustração é muito maior do que imaginamos em diversos segmentos, não apenas entre executivos, mas também entre médicos, advogados, engenheiros, arquitetos, comerciantes e empreendedores de modo geral. As causas são recorrentes:

dificuldades para liderar equipes, falta de comprometimento das pessoas, desavenças entre sócios, ausência de reconhecimento, problemas de comunicação, sentimento de injustiça, resultados insatisfatórios, conflito de valores, sobrecarga e mau gerenciamento das prioridades e do tempo.

Época de mudanças ou mudança de época?

O nível de angústia crescente e o grau de despreparo dos líderes ficam ainda mais evidentes quando levamos em consideração um conjunto de novas circunstâncias que impactam nosso cotidiano: estamos em plena transição de um mundo industrial para a era dos serviços; do foco no produto para o foco no cliente; da padronização para a customização; da repetição para a diversidade; do fixo para o móvel; do previsível para o volátil; do analógico para o digital; da filosofia da propriedade para a "economia do compartilhamento"; da indiferença para a exigência da responsabilidade social e ambiental; de um mundo ocidental para uma globalização multipolar.

Essas transições que estão ocorrendo ao mesmo tempo podem levar os mais apressados a concluírem que estamos vivendo uma "época de mudanças". Essa simplificação da realidade costuma levar ao lugar-comum de que "a única coisa permanente é a mudança", o que produz uma certa dose de acomodação, como se fosse parte de um destino inevitável. Prefiro dizer que atravessamos uma "mudança de época", em vez de simplesmente uma "época de mudanças".

Tanto as oportunidades quanto as dificuldades que surgem em momentos como esse devem ser enfrentadas com soluções inovadoras, corajosas, com uma nova forma de olhar e perceber a realidade. Não se trata apenas de melhorar o que existe, de incrementar o pensamento para aperfeiçoá-lo e de ajustar as ações a uma nova realidade. Trata-se de reinventar o pensamento e a ação.

No momento em que o sistema dá sinais de doença — e produz resultados como essa preocupante escassez de líderes, tamanha crise de valores e a infelicidade generalizada no trabalho, nas escolas, em casa e nas comunidades —, pouco adianta tentar melhorar as bases sobre as quais ele foi concebido. Só reinventando — e com inovações corajosas — poderemos enfrentar as disfunções e encontrar soluções para o que nos aflige.

Nesses tempos de extrema incerteza, precisamos aprender a pensar nas novas perguntas que nem sabemos ainda formular. Como liderar no mundo com novas formas de estruturação da força de trabalho, causadas pelo desaparecimento de empregos formais? Como liderar a nova jornada humana que junta o viver, o aprender, o se divertir e o trabalhar a partir de novas tecnologias que mudam o nosso dia a dia? Como ser uma espécie de "Líder Exponencial" nesse mundo disruptivo?

Os conceitos de Liderança, tal qual os conhecemos hoje, estão com os dias contados. Os velhos e surrados atributos do que era considerado um líder eficaz foram concebidos para uma realidade que já não existe mais.

Dentro dessa nova moldura, ouso propor que, se desejamos construir empresas mais saudáveis, famílias mais felizes, relacionamentos mais duradouros e comunidades mais solidárias, precisamos mudar nossa forma de pensar sobre Liderança e de exercê-la. Precisamos evoluir do modelo herdado da era industrial para um mais apropriado aos desafios inusitados que já começamos a enfrentar.

O líder à moda antiga

O modelo mental dentro do qual fomos educados nos levou a acreditar que:

- Liderança é sinônimo de cargo, posição social, dinheiro e até mesmo tempo de serviço;
- Liderança é uma arte, destinada apenas a pessoas visionárias, bem-informadas;
- Liderança é inata, pois alguns já nascem com esse "dom";
- Existe um estilo ideal de liderança, que as pessoas devem procurar praticar;
- Líder competente é aquele que possui seguidores leais;
- Líderes inspiram pelo carisma e pela hierarquia, pois "manda quem pode, obedece quem tem juízo", como nos ensinou o dito popular.

Baseados na predominância de personagens masculinos em posições de liderança na literatura, na história e no mundo corporativo — como Alexandre, o Grande, Napoleão Bonaparte, os heróis militares das Grandes Guerras, os grandes empreendedores e executivos contemporâneos —, fomos induzidos a pensar também que os homens são mais competentes que as mulheres para exercer papéis de liderança.

Formas de pensar e agir como essas fazem com que o potencial de comando dentro das empresas não seja devidamente aproveitado, enquanto muitas pessoas perdem oportunidades de sucesso na carreira. Certa vez ouvi, durante um evento sobre equipes de alta performance que eu conduzia, o desabafo de uma jovem assessora que se recusou a assumir uma nova responsabilidade na empresa onde trabalhava: "Agradeço de coração, mas eu não quero ser líder... Eu não nasci para ser líder!"

Esse é o mundo ultrapassado da Liderança, baseado no binômio "comando e controle", cujo modelo não se sustenta mais. Seus alicerces estão ruindo. Fica cada vez mais evidente, por exemplo, que o líder baseado apenas no carisma é uma espécie em extinção, pois o líder competente precisa ter conteúdo. Também pouco importa em qual quadrante o seu estilo de liderança se encaixa e qual a sua distância do estilo ideal, pois não tem dado certo fingir ou tentar ser quem não somos.

Você não precisa ser gerente ou diretor de empresa para ser líder, pois todo pai ou mãe de família é líder, assim como um professor ou um estudante também pode ser. Outro aspecto cada vez mais desmistificado: o líder não nasce pronto; aprende-se a ser líder. E, finalmente, vale a pena lembrar que, hoje, a liderança não é exercida apenas por homens ou por adultos; na vida real, ela é também desempenhada com competência por mulheres, crianças, adolescentes e pessoas dos mais diversos níveis sociais e culturais.

Afinal, já está ocorrendo há algum tempo o que chamo de "erosão eletrônica da liderança": no passado, uma pessoa jovem levava anos para conhecer ou poder falar com o presidente de uma empresa. Hoje, um estagiário pode enviar um e-mail para o poderoso chefe que está cinco níveis hierárquicos acima e... Receber uma resposta!

O sentido da hierarquia tradicional dançou. Em todo o mundo, as pessoas que exercem algum tipo de liderança estão muito mais vulneráveis hoje, pois a facilidade de acesso à informação permite um nível de transparência muito maior. A coerência entre o que o líder diz e o que faz é questionada o tempo todo.

No entanto, apesar de sabermos que esse modelo ultrapassado não funciona mais, uma nova forma de pensar e exercer a liderança ainda não se faz presente com a intensidade necessária.

Por exemplo, são surpreendentes os resultados de uma pesquisa — intitulada "Sonhos e pesadelos dos líderes empresariais brasileiros" — que tenho realizado desde 2009. Na primeira delas, apresentei o resultado no Fórum Mundial de Liderança, promovido pela HSM. Obtivemos respostas de nada menos que 520 executivos do primeiro escalão de empresas representativas de todas as regiões do país.

Apesar dos discursos modernizantes de alguns executivos, a enquete tem evidenciado o real modelo de liderança que continua na cabeça de uma amostra significativa dos líderes empresariais brasileiros: uma grande discrepância entre o discurso e a prática!

Muito se fala do tripé da sustentabilidade: o pilar econômico-financeiro, o social e o ambiental. No meu modo de ver, falta o quarto e principal componente: a capacidade de desenvolver líderes em todos os níveis, não apenas no topo. Estou convencido de que as empresas vencedoras nesta nova época serão aquelas que souberem montar verdadeiras "Fábricas de Líderes". A sobrevivência — ou, se preferir, a longevidade, a perpetuidade, a sustentabilidade a longo prazo — das empresas será diretamente proporcional à sua capacidade de desenvolver líderes eficazes, além de oferecer produtos ou serviços de qualidade. Líderes eficazes, repito, não apenas gerentes eficientes. Líderes éticos, não apenas capazes de obter resultados a qualquer custo.

Ao longo da minha carreira, tenho tido a oportunidade de conviver com várias lideranças inspiradoras em diversas partes do mundo. São líderes — homens e mulheres, alguns bastante jovens — diferenciados, notáveis, mesmo aqueles que são anônimos por não ocuparem cargos nem posição social de destaque. Mas exercem papéis de comando de forma muito competente.

Inspirado pela convivência com alguns desses líderes de carne e osso e baseado na minha própria prática como consultor de empresas e conselheiro pessoal de algumas dessas lideranças, nos últimos anos tenho concebido e coordenado alguns programas de desenvolvimento de líderes — os quais denomino de "Líderes em Ação". Esses programas são customizados para cada empresa e se diferenciam dos tradicionais cursos e seminários institucionais e genéricos oferecidos sobre o tema.

Ao lado dos meus colegas e sócios da Empreenda, tenho me empenhado em criar condições, eventos e ferramentas educacionais para desenvolver Líderes Inspiradores que o momento exige, muito diferentes daqueles gestores operacionais que encontramos com frequência muito maior.

O Líder Inspirador

Esse novo tipo de líder se destaca por reunir algumas características que fazem a diferença. As Cinco Forças do Líder Inspirador, que o leitor encontrará descritas de forma detalhada ao longo do livro, são:

- Construir um Propósito com sua equipe, trabalhar por uma Causa, não apenas executar tarefas ou cumprir metas;
- Formar outros líderes, não apenas seguidores;
- Liderar em 360 graus, não apenas em 90 graus;
- Surpreender pelos resultados, não se limitar apenas ao combinado;
- Inspirar pelos valores, não apenas pelo carisma.

Escrevi a primeira versão do livro *Você é o líder da sua vida* em 2007, e posteriormente, em 2009, ele foi reeditado. Porém, ao mergulhar no conteúdo do livro e refletir sobre os aprendizados da minha prática com o tema Liderança nos últimos dez anos, decidi alterar significativamente alguns tópicos e até mesmo seu título. Aceitei o desafio desta nova versão com o firme propósito de estimular você a compreender a essência da liderança e a mudar sua maneira de pensar e de exercê-la, dando início a uma etapa transformadora de crescimento profissional, pessoal e espiritual. Que minhas provocações possam motivar você a se transformar em um Líder mais inspirador, isto é, no tipo de líder que o momento exige.

Este é um livro literalmente "pé na estrada". Inspirado por *road movies*, como *Central do Brasil* e *Diários de motoci-*

cleta, de Walter Salles, resolvi escrever sobre a trajetória de um personagem atormentado pelo medo do fracasso que sai em busca de respostas para as angústias de um líder no mundo moderno.

Preferi usar uma narrativa ficcional — inspirada em fatos, lugares e personagens reais, mas ficcional em sua essência — para fugir do tecnicismo normalmente atrelado ao tema liderança. Por isso, o livro está repleto de informações históricas e culturais sobre os cenários onde a trama se desenvolve. Você conhecerá a trajetória de sucesso de diversas pessoas do Brasil e do exterior e aprenderá, como eu aprendi, grandes lições. Combinando personagens de ficção com algumas personalidades reais, em situações também ficcionais, procuro mostrar que o sucesso é consequência natural para quem encontra seu próprio estilo e aprimora suas melhores qualidades.

Continuo, com este livro, minha cruzada para desmistificar conceitos-chave no mundo dos negócios, tais como Estratégia, tema do meu livro *Você é do tamanho dos seus sonhos*, Mudança, objeto de *Você merece uma Segunda Chance*, e Empreendedorismo, que inspirou *Jogue a seu favor*. Até mesmo antes de publicar esses livros, para dar uma chacoalhada nas turmas de Marketing, Vendas e Comercial das empresas, criei um termo que muito tem repercutido, Clientividade®. Essa ideia evoluiu para uma metodologia que virou um livro em 2016. Fico feliz por sair do lugar-comum e propor uma forma de pensar inovadora, útil tanto para grandes empresários e executivos quanto para pessoas comuns em vários recantos do Brasil.

Minha missão como escritor é fazer com que assuntos complexos que nos tiram o sono se tornem mais acessíveis, em vez de me empoleirar no alto de modelos complicados. Meu desejo é contribuir para um entendimento mais pragmático e menos idealizado sobre Liderança nas várias dimensões da vida. Espero que você concorde comigo e também acredite que, apesar da complexidade do tema, ele não precisa ser tratado de forma complicada.

Mais que uma viagem ao redor do mundo, procuro relatar o percurso interior em busca do líder que existe dentro de cada um. Espero que você se identifique com o personagem, com suas ansiedades, dúvidas e descobertas. Essa é a razão pela qual ele não tem nome, nem sabemos ao certo sua cidade de origem ou sua idade.

Agradeço antecipadamente, caro leitor, por sua companhia nesta viagem que se iniciará ao virar a próxima página do livro, quando você encontrará alguns desses personagens que inspiram a construção de um futuro mais auspicioso para nossas empresas, famílias, escolas e comunidades.

Vamos lá! É hora de repensar, criar, agir, fazer acontecer. É hora de aproveitar as oportunidades que essa "mudança de época" propicia. É hora de se reinventar como líder, de assumir a cabine de comando da sua vida. Dê uma rápida olhada pelo espelho retrovisor no desbotado modelo de liderança que pode ter sido útil em uma realidade que já não existe mais, porém, a partir de agora, mire o amanhã, transformando-se no Líder Inspirador que o novo momento exige. É hora de renascer! Pé na estrada!

César Souza
Praia de Trancoso, Bahia, 2018

1. O enigma da Liderança

"Só posso lhe dizer uma coisa: não existe receita pronta. Se quiser realmente se tornar um Líder Inspirador, você terá, por si mesmo, de encontrar as respostas para suas perguntas. Ou correrá o risco de desperdiçar a vida. Decifrar os enigmas da Liderança é a razão do êxito de vários líderes no mundo inteiro. Essa não é uma missão fácil, exigirá muita determinação para superar obstáculos."

Passava das 23h quando resolvi conferir meus e-mails. Sem muita esperança, procurava a resposta de uma mensagem que enviara pela manhã, pouco antes de sair de casa para o escritório. Tinha quase certeza de que não a receberia. Afinal, eu estava tentando falar com o presidente da empresa onde trabalho, uma multinacional presente em vários países. Ele é um executivo com experiência internacional que regressou ao Brasil há pouco mais de três anos para assumir o comando dos negócios da subsidiária brasileira. Seu retorno ao país, após ter comandado algumas filiais menores, vivendo sete anos no exterior, foi cercado, na época, de grande expectativa.

Os resultados do seu trabalho não tardaram a aparecer. O faturamento e a rentabilidade da empresa cresceram bastante no período. Em pouco tempo, o presidente da empresa era reverenciado por todos. Essa admiração podia ser claramente percebida quando ele circulava pelos diferentes departamentos, sempre pedindo a opinião das pessoas.

Mas ele parecia inacessível a funcionários como eu, um novato, e vários degraus abaixo dele na hierarquia. Talvez por ter garagem privativa, usar o elevador exclusivo da diretoria, raramente almoçar no restaurante da empresa e estar sempre em reuniões com clientes importantes, fornecedores e acionistas.

No e-mail que enviei, me identificava apenas como um "colaborador angustiado". Tive o cuidado de usar meu e-mail pessoal, que não levava o nome da empresa. Por isso era alta a chance de aquela mensagem ser mais uma sumariamente ignorada, da mesma forma que as duas anteriores. Mesmo assim, naquela manhã, decidi insistir outra vez. Mal pude acreditar quando vi sua resposta na minha caixa de mensagens. Ele havia respondido às 20h45!

Li e reli a mensagem várias vezes, como se quisesse me convencer de que não estava enganado. Pensei em chamar minha esposa, mas ela dormia profundamente. As palavras do presidente me deixaram intrigado. O que ele queria dizer com "decifrar os enigmas da Liderança"?

Tratei de relembrar o que havia perguntado a ele. Não foi difícil, já que eram questões que me atormentavam havia muito tempo. Passara o dia todo recordando as frases escritas na mensagem que eu reenviara:

"O que é ser um líder eficaz?

O senhor se considera um deles?
Qual é o perfil do líder ideal?

O senhor é um líder em tempo integral, isto é,
lidera também em casa e na comunidade?

Ou é líder apenas quando está de paletó e gravata
dentro dos domínios da empresa?

O líder já nasce pronto? Liderança é arte ou ciência?

Quais os melhores exemplos de líder que conhece?

É possível fazer de uma carreira como a sua
uma ferramenta para ajudar as pessoas a crescerem
pessoal e profissionalmente?

Poderia sugerir o melhor curso ou livro para um candidato a
líder como eu, que está tendo problemas com seus liderados?"

Apesar de ter feito esse questionário, na realidade, o que eu gostaria de ter perguntado era apenas: "Como o senhor chegou aonde está? Como construiu sua carreira? Que contribuição o senhor tem dado ao longo da sua vida?"

Mas tive medo de ser identificado facilmente e talvez mal-interpretado, como se fosse apenas um funcionário novato e ambicioso, tentando pavimentar seu caminho para o sucesso e ao mesmo tempo "puxando o saco" do chefão.

Não passou pela minha cabeça dizer que tinha sido admitido havia apenas dois meses e que ali eu estava começando a trabalhar em uma multinacional de verdade. Até o momento, minha carreira seguira um caminho tradicional, linear, sem muitos sobressaltos. Trabalhei alguns anos em uma empresa familiar do ramo de autopeças. Saí quando recebi o convite para assumir o cargo de gerente de franquias de uma indústria de produtos de beleza. Na época, fiquei empolgado com a possibilidade de atuar em uma firma de maior porte, em um negócio completamente diferente do anterior. Aos poucos, no entanto, fui percebendo que os horizontes daquela empresa eram mais estreitos do que eu esperava. Meu sonho era trabalhar em uma grande multinacional onde pudesse fazer carreira e, inclusive, passar um período no exterior.

Durante uma festinha em comemoração ao meu aniversário, tomei a decisão de mudar de emprego. No dia seguinte, enquanto tomávamos o café da manhã, contei à minha esposa o que havia resolvido e pedi a ela que marcasse um almoço com um conhecido recrutador de executivos. Ela é gerente de Recursos Humanos de outra multinacional que tem vários negócios no Brasil e tem contato com muitos especialistas envolvidos na recolocação de profissionais no mercado.

Minha esposa ficou preocupada. Indagou se não seria cedo demais para uma nova mudança de empresa. Argumentou que isso poderia sinalizar que sou inconstante e não me ajusto muito bem à vida empresarial.

— Precisamos de certa estabilidade — disse ela. — Lembre-se de que estamos pensando em sair do imóvel alugado, ter nosso apartamento próprio. E, principalmente, não se esqueça do nosso sonho de ter um filho. Se nosso desejo é para valer, tenho que engravidar logo. No mês que vem faço aniversário e começo a entrar na fase em que é mais difícil para a mulher ter o primeiro filho.

As palavras dela ficaram martelando na minha cabeça a manhã toda.

Na hora do almoço, liguei para minha esposa e a convidei para ir a um pequeno restaurante onde sempre nos encontrávamos quando precisávamos conversar tranquilamente.

Durante a refeição, disse a ela o que mais me incomodava:

— Onde estou, não tenho possibilidade de subir e realizar nossos sonhos. Preciso ir para uma empresa grande, onde eu consiga explorar meu potencial.

Ela ainda argumentou que nem sempre uma multinacional, pelo simples fato de ser grande, é um local de oportunidades.

— As normas podem ser muito rígidas — salientou. — A cultura da empresa multinacional às vezes engessa as pessoas.

Aí apelei para o argumento que, tenho certeza, as mulheres entendem melhor que os homens:

— Não estou feliz!

Então ela me olhou fundo nos olhos, esboçou um sorriso de cumplicidade quase maternal e concordou em marcar a entrevista. No fim da tarde, ao sair de uma reunião, recebi uma ligação dela no celular. Havia agendado um almoço para a semana seguinte. E me preveniu que seu amigo gostava de ser reconhecido como alguém cuja missão é "transformar a vida de pessoas e de organizações".

Após aquele almoço com ele, além de duas entrevistas, uma bateria de testes e uma interessante sessão de dramatização — para definir melhor meu estilo de liderança e meu jeito de lidar com situações estressantes —, o especialista me revelou que uma multinacional tinha uma vaga para o cargo de gerente de produto. Queriam alguém com o meu perfil: uma pessoa ousada, ambiciosa, criativa, não acomodada.

O gerente que buscavam seria encarregado de uma linha de produtos antiga e muito bem-sucedida. O então ocupante do cargo seria deslocado para uma nova linha a ser lançada no prazo de um ano. Precisavam do novo profissional com certa urgência, para que houvesse tempo de fazer seu treinamento, à medida que ele fosse se aculturando na empresa.

Resolvi pagar para ver e demonstrei interesse pela vaga. Além de ser uma empresa de excelente reputação, o prestígio de que o presidente desfrutava na comunidade empresarial era um atrativo adicional para mim. Agendaram uma reunião com o diretor da Unidade de Negócios, que seria meu chefe imediato. Ele se reportava à vice-presidente comercial, que, por sua vez, respondia ao presidente.

A conversa foi boa. O diretor, muito simpático, pareceu ter gostado do meu jeito. Desde o início tentou me atrair, destacando a importância da empresa no mercado global. Citou vários números. Enfatizou que aquela nova linha de produtos já tinha alcançado elevado sucesso em diversos países e que não podiam decepcionar a matriz. Por isso, o melhor profissional que tinham seria deslocado para a nova posição e precisariam de alguém novo para a linha já consolidada. Usou uma das máximas do mundo empresarial:

— Gente nova em situação conhecida, e gente experiente em situação nova.

No início isso me preocupou. Boas empresas procuram formar sucessores para cada um de seus cargos importantes. Não me contive e perguntei por que não promoviam alguém da equipe.

Ele ficou em silêncio durante longos segundos. Obviamente não esperava uma pergunta dessas, ainda mais de um candidato à vaga em questão.

— A ordem é oxigenar a empresa com sangue novo — respondeu de forma incisiva. E, antes que eu tivesse tempo de fazer qualquer comentário, acrescentou: — Você está ou não interessado de fato nesse desafio?

Comecei a trabalhar na empresa no início do mês passado.

A saída da franqueadora não foi fácil. Pegou todos de surpresa. Meu chefe tentou me dissuadir. Vendo que minha decisão não mudaria, agiu como se fosse vítima de traição, o que tornou meu desligamento mais conturbado.

Alguns amigos me parabenizaram pela mudança, outros manifestaram claramente sua reprovação, e houve também os que preferiram guardar um cauteloso silêncio.

Logo de cara, confesso, o trabalho na multinacional foi uma ducha de água fria na minha cabeça.

A verdade é que a franqueadora era pequena, porém muito mais empreendedora. E a burocracia da empresa nova, apesar de eu estar lá havia pouquíssimo tempo, começava a me sufocar. Eles tinham regra para tudo. Até para comprar certas peças de reposição eram necessárias pelo menos cinco assinaturas!

A linha de produtos sob minha responsabilidade já estava bastante consolidada no mercado e, nos diferentes países em que a empresa atuava, a operação também era bastante padronizada.

Tentei dar duas ou três sugestões, mas comecei a ouvir desculpas:

— Há anos fazemos assim, por que mudar? Não se mexe em time que está ganhando!

O gerente, que seria deslocado em breve para a nova linha e que deveria fazer o meu treinamento, também se mostrou muito fechado. Descobri, em conversas informais, que ele teria escolhido um sucessor, seu braço direito na operação. Mas a ordem superior foi trazer alguém de fora. Não queriam ter um gerente comandando uma nova linha de produtos e ainda com forte influência em outra.

Aos poucos, fui sentindo no ar um cheiro de boicote por parte daquele que eu deveria suceder e da equipe que eu deveria liderar. Eu era tratado como um "estranho no ninho", alguém que podia até entender de peças de automóveis e de cosméticos, mas não sabia nada do produto que deveria gerenciar.

A situação ficou ainda mais clara após uma reunião com a minha equipe. Fui disfarçadamente interrogado, numa nítida tentativa de desgastar minha autoridade, e percebi que meu pessoal estava escondendo informações importantes de mim. Aquilo me atingiu como uma paulada. Tive medo do fracasso.

Tentei conversar com o diretor da minha área, mas não tive sucesso. Pelo menos três reuniões foram desmarcadas por ele, alegando outras prioridades. Procurei, então, o responsável pela área de Recursos Humanos, e também não encontrei a porta aberta para o diálogo franco que eu precisava ter.

Não dormi bem a semana inteira. Ficava revirando na cama, pensando na melhor forma de administrar a situação. Foi então que tive a ideia de escrever ao presidente da empresa. As chances de que ele respondesse à minha mensagem pareciam remotas, mesmo assim decidi tentar. Escrevi duas vezes, mas não obtive retorno.

De manhã cedo, sentei diante do computador, respirei fundo e, mais uma vez — clique —, mandei bala!

Agora estava ali, olhando para a tela, sem saber o que fazer com a resposta inesperada.

Já era tarde da noite quando resolvi responder, com uma nova provocação:

"Presidente, agradeço o uso de seu escasso tempo para dar um retorno ao meu e-mail, mas o senhor não respondeu às minhas perguntas."

Fui até a cozinha buscar um copo d'água antes de ir para o quarto dormir.

Enquanto voltava para desligar o computador, percebi que havia uma mensagem nova. Abri o e-mail e recebi o xeque-mate:

"Identifique-se! Ligue para minha secretária amanhã cedo e agende uma reunião. Não vou responder às suas perguntas. Mas talvez possa criar oportunidades para você encontrar as respostas que procura. Aviso: não vou responder a mais nenhum e-mail seu."

2. A "Fábrica de Líderes"

Timidamente, cumprimentei-o com o tradicional boa-tarde. Ainda não acreditava que estivesse entrando na sala do presidente da empresa.

Logo cedo, por sugestão da minha esposa, resolvi acabar com aquele mistério. Assim que cheguei ao escritório, liguei para a secretária do presidente e expliquei, ainda hesitante e de forma meio confusa, que era o autor do e-mail da véspera. Falei que ele havia solicitado que eu a procurasse para agendar um encontro. Alguns minutos depois ela retornou minha chamada. O presidente me receberia naquela tarde, às 17h30. Fiquei intrigado com a rapidez da resposta e com o fato de o encontro ter sido marcado para o mesmo dia. Não tinha nem me vestido adequadamente para uma reunião daquelas. Mas, felizmente, teria tempo de ir até minha casa trocar de roupa.

No horário combinado, lá estava eu, diante da sala dele, devidamente trajado, ouvindo sua secretária avisá-lo da minha chegada.

Quando entrei na sala, tive a primeira grande surpresa. Sentados em poltronas em uma espécie de sala de visitas, havia três convidados que eu não esperava encontrar ali: a vice-presidente comercial, o vice-presidente de Recursos Humanos e o diretor da unidade de negócios, meu chefe imediato.

Cumprimentei-os, meio sem graça. Engoli em seco. Os três mal conseguiam disfarçar o constrangimento da situação. Meu chefe dava claros sinais de irritação, deixando transparecer que eu havia desrespeitado a hierarquia. Chegou a me dizer em tom de brincadeira que eu poderia ter conversado com ele sobre minhas dúvidas e a cultura da empresa. Pensei comigo mesmo: "E as três reuniões que você cancelou?", mas resolvi ficar quieto.

O presidente, percebendo o embaraço de todos, tentou nos deixar à vontade. Sorriu, ofereceu água e café, comentou que aquele havia sido um dia e tanto, cheio de boas notícias sobre a nova linha de produtos e as promissoras perspectivas do mercado. Enfatizou que esperava que aquele fosse um dos melhores anos da história da companhia.

Deixou claro, porém, que o crescimento da empresa seria diretamente proporcional à nossa capacidade de desenvolver líderes.

— Precisamos — falou em tom de provocação — não apenas dos produtos de qualidade que já fabricamos, mas também de líderes de qualidade. Só cresceremos se conseguirmos desenvolver líderes em todos os níveis da empresa — acrescentou ele, enquanto observava a imensa vidraça no lado esquerdo da sala, que descortinava as cores do sol poente por entre os prédios do centro da cidade.

Comecei a relaxar. E a achar o presidente mais acessível do que eu pensava antes de conhecê-lo. Pessoalmente, ele me pareceu simpático. Mais do que diziam.

Foi então que ele entrou no assunto. Disse que havia algum tempo não acontecia algo tão inusitado quanto os meus três e-mails que recebera. Confessou que no início se irritou e tratou de apagar as mensagens. Mas, no dia anterior, resolveu responder a última. Sua intuição sugeria que não deixasse aquela situação passar em branco.

Chegou a desconfiar que a mensagem poderia ser de um de seus filhos, com o qual havia tido problemas no passado, já resolvidos com a ajuda de um conselheiro para ele e para o rapaz.

Depois prosseguiu, bastante sério:

— Esse meu filho criou muitos problemas, mesmo tendo em casa todo o conforto que um executivo na minha posição pode dar à sua família. Ele começou a praticar pequenos delitos e depois adotou posturas questionáveis do ponto de vista ético. Tentou, inclusive, prejudicar os irmãos. Aí se voltou contra mim, pois precisei tomar atitudes enérgicas em relação a ele. Felizmente — assegurou o presidente —, isso já foi resolvido. O garoto se casou e, por ironia, teve três filhos. Acho que percebeu que não precisava enganar os irmãos para ter sucesso na vida. Mas, de vez em quando, ainda gosta de me provocar.

Então arrematou:

— Como podem perceber, às vezes é mais difícil ser um bom líder em casa do que na empresa.

Ele explicou que por isso teve enorme curiosidade de conhecer o autor do e-mail. Ainda citou Andy Grove, ex-presidente da Intel, uma das empresas mais bem-sucedidas do mundo digital, segundo o qual só os paranoicos sobrevivem. Disse que tinha lá sua dose de paranoia. Todos rimos bastante.

O homem sabia seduzir seus interlocutores. Percebi que revelava coisas sobre si mesmo a fim de obter revelações dos demais.

Não deu outra. Sem rodeios, o presidente foi direto ao ponto:

— O que o motivou a escrever um e-mail diretamente para mim?

A princípio tentei ser evasivo, mas logo percebi que me perderia naquela conversa. E respondi de forma quase dramática:

— Desculpe se invadi sua privacidade e se desrespeitei as regras da hierarquia, mas estou muito angustiado. Vivo uma situação-limite. Larguei meu trabalho anterior porque estava cheio de ilusões de que, numa empresa como esta, poderia explorar plenamente meu potencial. Sinto que errei em meu julgamento e não soube enxergar os bastidores do poder. Tenho a sensação de que estou sendo boicotado e não conseguirei fazer nada de útil pela empresa nem pela minha carreira. Sou uma pessoa cheia de sonhos pessoais, familiares e profissionais. Mas estou com medo. Tenho muito medo de fracassar!

Ele me respondeu com uma frase enigmática:

— Fracasse o mais rápido que puder. Só assim terá sucesso mais cedo!

Não acreditei no que ouvi. Os outros três convidados estavam igualmente perplexos.

Argumentei que, se eu fracassasse, provavelmente seria demitido. E que meu fracasso não interessava a mim nem à empresa. Ele, então, afirmou que uma das maiores qualidades de um líder é não ter medo do fracasso.

— O líder de verdade sabe usar eventuais quedas para se reinventar no momento seguinte. Trata-se de uma sabedoria que se adquire na estrada. O problema passa a existir se você erra mais do que acerta, ou se comete sempre os mesmos erros, o que significa que você não aprende com eles.

E, em tom didático, ele se dirigiu aos demais:

— As empresas precisam se reinventar, e para isso devem correr riscos. Acontece que estamos educando uma geração de acomodados, de pessoas que têm medo de arriscar opiniões, que têm medo de errar. Este é um grande paradoxo: precisamos nos reinventar para competir melhor, mas ensinamos aos nossos colaboradores que não devemos ousar. Eles são orientados a viver de acordo com normas que podem ter sido úteis em uma realidade que já não existe mais. A consequência é que estamos formando gerentes eficientes, em vez de líderes eficazes.

Prosseguiu contando que observou em meu e-mail dois pontos contraditórios: a coragem de fazer perguntas e, ao mesmo tempo, a espera por respostas prontas, o que reflete uma atitude que certamente precisa ser mudada.

Ficou interessado em me conhecer pela minha ousadia de ignorar a escala hierárquica. Queria checar se eu tinha potencial para ser um futuro líder, mas de uma fornada diferente, muito diferente daqueles que foram treinados nas ideias tradicionais sobre liderança. Ou se eu era apenas um indisciplinado.

Finalmente entendi por que ele tinha me convocado para aquela reunião.

— Minha próxima grande missão, antes de deixar a presidência desta subsidiária, o que ocorrerá em pouco mais de um ano — disse o presidente, em tom quase solene —, é reinventar esta empresa, dotando-a de líderes mais adequados para a nova realidade do mundo em que viveremos. Logo em seguida deverei assumir uma nova responsabilidade no Conselho de Administração na matriz da empresa, voltando a morar no exterior.

E acrescentou:

— A liderança, tal qual a conhecemos hoje, está com os dias contados! Por essa razão, resolvi convidar meus três executivos para participar desta conversa. Precisamos de uma nova forma de pensar e de exercer a liderança. Precisamos de muitos líderes, não apenas de um ou dois. Temos de superar essa visão elitista da liderança, que permite apenas um líder em cada empresa, em cada família, e assim por diante.

Bebeu um gole de água e continuou:

— Minha experiência e minha intuição apontam alguns caminhos para essa nova maneira de pensar e praticar a liderança. Mas gostaria de ter isso bem formatado num conjunto de princípios que fornecessem os pilares da educação do novo líder. Aí então poderíamos desenvolver um programa de formação dessa verdadeira "Fábrica de Líderes" que pretendo montar aqui ainda este ano. Mais tarde, ao assumir minhas funções no Conselho de Administração, desejo fazer o mesmo em todos os países onde a empresa atua.

De forma triunfal, olhando mais uma vez para a janela por onde se viam as luzes da cidade se acendendo aos poucos, declarou:

— Esse é o melhor legado que posso deixar para que esta empresa tenha um futuro vencedor. Melhor fazer isso do que deixar simplesmente um bom lucro no caixa ou aumentar a fatia de mercado da empresa. O lucro desaparece facilmente com o tempo. Líderes competentes em todos os níveis duram muito mais e são capazes de vencer obstáculos quando surgem.

E prosseguiu:

— Eu mesmo sei que tenho de mudar. Sei que devo abandonar certas ideias sobre liderança que podem ter sido úteis em algum momento, mas nas quais não acredito mais. O carisma do líder é um exemplo. Esse atributo é necessário, mas não é suficiente. Saco vazio não para em pé por muito tempo. Um líder sem conteúdo, contando apenas com o seu carisma, não sobreviverá.

Então começou a desfiar alguns conceitos ultrapassados que, segundo ele, são mera filosofia barata e superficial. Lembrou frases de efeito como "O verdadeiro líder é aquele que é capaz de despertar em seus subordinados o senso do dever", e o lugar-comum "Liderar não é apenas chefiar nem gerenciar". E dissertou sobre a complacência excessiva que observava em todos os lugares por onde passava.

— Não aguento mais essa mesmice — falou com certa irritação. — A ideia do "líder heroico" está ultrapassada. A pior de todas que tenho ouvido é que "O líder precisa gostar de gente, pois esse é o diferencial de sucesso nos dias de hoje" — disse ele, sem disfarçar o riso. — Chega, também, de ficar rotulando as pessoas nos possíveis estilos de liderança. São modelos que tentam forçá-las a ser o que não são. Chega de tentar clonar nos outros os estilos de líderes bem-sucedidos. Não existe líder perfeito! O máximo que se pode aprender são uma ou duas características de um líder, duas ou três de outro. Também não existe líder pronto. Aliás, ninguém nasce pronto. Eu não nasci pronto. Você não nasceu pronto. Líder não nasce pronto, a gente aprende a ser líder!

Segundo a análise do presidente, escritórios como aquele onde trabalhava são perigosos observatórios do mundo:

— Daqui desta mesa, pouco se vê da realidade. A gente acaba míope e um pouco surdo. Só ouve o que os outros acham que queremos ouvir!

Reinava o mais absoluto silêncio.

— Resumindo, vivo um momento de transição. De um lado, tenho convicções profundas sobre o que não é mais útil, o que devemos eliminar no nosso modo de pensar, as velhas e ultrapassadas teses de liderança e os tradicionais atributos do líder eficaz. De outro lado, é preciso definir com mais clareza o que desejamos adquirir. Necessito da ajuda de todos. Faz sentido para vocês?

Comentei, empolgado, que aquilo soava como música para mim. Poderia ter parado aí, mas acrescentei que aquele era o motivo das minhas perguntas na mensagem endereçada a ele, e que continuava esperando as respostas.

O presidente não gostou da segunda parte do meu comentário.

— Já disse que essa sua atitude de querer respostas dos outros é uma das coisas que precisam mudar. As pessoas costumam buscar "seres superiores" para explicar o que não conseguem entender. Acreditam que esses seres podem guiá-los. Esperam o "salvador da pátria", alguém como o Mestre Yoda, aquele personagem do filme *Star Wars*.

De forma emocionada, ele decretou:

— O mito do Grande Líder está presente em todas as culturas. Aprendizes esperam revelações de mestres. Jovens líderes gostam de pedir àqueles que têm sucesso que lhes revelem os segredos da liderança. Só isso não basta. A liderança não é mais unidirecional. É importante formularmos perguntas instigantes. Mas não podemos esperar respostas prontas. O reinado das respostas acabadas, do sabe-tudo, chegou ao fim.

Absorvi a paulada sem saber o que dizer. Mudei de posição na poltrona, cruzei as pernas, respirei fundo. Os três diretores olhavam na minha direção, à espera de alguma reação de minha parte. Preferi manter o silêncio.

Eles se manifestaram, economizando palavras. Afirmaram que aquela era uma ideia interessante, algo diferente. Mas não demonstraram muita convicção. Parecia que aguardavam uma decisão do chefe para se posicionarem de acordo com ela.

Então o vice-presidente de Recursos Humanos ofereceu-se para fazer um levantamento de todos os livros e cursos de liderança e procurar o que havia de diferente para servir de subsídio.

Senti que chegara o momento de corrigir minha infeliz intervenção anterior.

Arrisquei opinar que a pretensão do presidente, com certeza, não se encontraria em livros nem em cursos porque ele falava de algo novo. Em geral, livros e cursos relatam o que já é conhecido.

Naquele momento, o presidente olhou para mim com ar de cumplicidade.

Encorajado, prossegui:

— Não devemos perder tempo com a mesmice. Vamos buscar algo realmente novo, tanto em termos de conteúdo como de método. Não vamos perder tempo com o velho em uma nova roupagem. Veremos o que existe de novo, mas, sobretudo, vamos descobrir e ajudar a formular o Novo!

— A coragem dos seus comentários me indica que você pode se transformar em um líder do tipo que estamos precisando — ponderou o presidente. — Mas você precisa estar disposto a buscar respostas e a fazer perguntas melhores. Posso lhe dar uma chance de nos ajudar nessa missão. Está preparado para correr riscos e, se for o caso, fracassar?

Pensei no que diria minha mulher.

— Claro que sim — ouvi minha voz responder. — Adoraria enfrentar esse desafio, correr esse risco. Mas não pretendo fracassar, porque darei o melhor de mim e porque isso não é uma tarefa comum, mas algo que pode fazer uma enorme diferença na vida da empresa.

— Pois bem, posso lhe dar a oportunidade de ajudar a formatar aquilo de que precisamos — respondeu. — Por algumas semanas, vou liberar você da rotina que o atormenta aqui na empresa.

Os demais convidados não acreditavam no que estavam presenciando. Argumentaram que essa era uma tarefa para meses, e não apenas para algumas semanas.

Nesse momento, meu chefe imediato, o diretor da unidade de negócios, resolveu intervir:

— Presidente, sugiro que essa missão seja realizada por mais de uma pessoa. Mesmo porque estamos diante de um novato na empresa que ainda não conhece nossa cultura e nosso negócio. Sugiro também que o senhor convoque, pelo menos, o gerente que está sendo deslocado para a nova linha de produtos.

Ele retrucou firme:

— Sem chance. Você deve se lembrar de que há alguns meses fiz uma proposta semelhante a esse profissional, certamente muito competente na produção. Mas ele me disse que estava sobrecarregado e que preferia se concentrar nos resultados de curto prazo. Além disso, em pelo menos duas outras oportunidades em que tentei falar sobre mudanças no perfil dos líderes, ele se saiu com esta máxima: "Sempre fizemos assim, há 12 anos somos vitoriosos. Por que mudar?"

O presidente prosseguiu dizendo que a empresa investiria em mim para identificar esses novos pilares da liderança. E falou do grande aprendizado que teve ao ser transferido do Brasil várias vezes para trabalhar em países de diferentes culturas.

— Eu questionava muito e tive a oportunidade de aprender bastante nessas viagens — confessou. — Aprendi mais observando e interagindo do que estudando em livros ou em cursos. Isso me deu base. Eu apresentei essas conclusões ao meu superior, e a partir daí esboçamos um programa para treinar novos talentos na empresa. Serviu para a época. Agora, precisamos renovar. Atribuo ao aprendizado desse período o fato de ter chegado à posição que ocupo hoje.

Ele citou um trecho de uma entrevista concedida por Jack Welch, o outrora presidente da General Electric:

— "O Jack Welch do futuro não pode ser parecido comigo. Toda a minha carreira foi feita nos Estados Unidos. O novo presidente da GE será alguém que tenha passado um tempo em Bombaim, em Hong Kong, em Buenos Aires. Nós precisamos mandar nossos melhores profissionais para o exterior para garantir que eles tenham o treinamento necessário para serem os líderes capazes de fazer a empresa florescer no futuro."

Virou-se para mim e disse:

— Sua ousadia, sua curiosidade e sua não acomodação me fizeram lembrar muito alguns momentos críticos que vivi. Quero convocá-lo para essa missão, que começará com algumas viagens. Seu espírito de aventura o ajudará. A empresa pagará passagem e hospedagem, mas com duas condições: a primeira é que você fará uma viagem de uma semana pelo Brasil, seguindo um roteiro que vou lhe revelar oportunamente. Receberá uma lista de contatos e visitas que poderá seguir ou não. No fim da primeira semana terá que me enviar um relatório com cópia para todos os que estão aqui, relatando se conseguiu aprender alguma lição relevante para você mesmo e para a geração de novos líderes na empresa. Se tiver conteúdo, mandarei a passagem para uma segunda viagem. Do contrário, você retornará às suas funções habituais. Entenda: não se trata de uma viagem de turismo nem de uma peregrinação de autodescoberta, simplesmente pelo prazer egoísta de visões reveladoras. Trata-se de um projeto especial. Você terá a obrigação de relatar seus achados ou até mesmo suas dúvidas. Durante as próximas semanas você será um assessor especial dessa "Fábrica de Líderes" que pretendo a princípio montar aqui e depois convencer a matriz de fazer o mesmo nos países onde atuamos.

— E a segunda condição? — perguntei, curioso e mal podendo disfarçar o brilho nos olhos.

— Você terá de ir com sua esposa — disse ele.

— Mas ela também trabalha, tem o emprego dela, é diretora de Recursos Humanos de uma empresa de serviços. Será difícil tirar férias assim imediatamente — retruquei.

— A bola está com você — afirmou o presidente. — Uma das coisas que os novos líderes precisam aprender é que liderança não é apenas uma questão técnica para a atividade profissional. O líder eficaz atua durante 24 horas, no trabalho, em casa, na vizinhança, no clube. Como profissional da área de Recursos Humanos, com certeza ela poderá ajudá-lo nessa missão. A descoberta a dois é sempre muito mais rica do que sozinho. Não podemos mais prescindir da inteligência feminina, que é complementar à racionalidade masculina.

Fiquei, então, de conversar com minha esposa. Não poderia impor uma coisa dessas sem consultá-la. Mas eu estava certo de que saberia ser convincente e que ela aceitaria o desafio, por mais ambígua que parecesse aquela proposta.

Ele fez um gesto de compreensão e se levantou para apertar minha mão, despedindo-se. Os demais continuaram sentados.

Quando atravessei a porta para sair da sala, sentia-me completamente diferente de como entrara exatamente 65 minutos antes. Estava inspirado por aquele homem. E com a sensação de que ele percebera em mim a centelha do Líder, com "L" maiúsculo. Minha esposa ficou surpresa quando expliquei a proposta do presidente. Ela me fez muitos questionamentos e relutou diante da ideia de se ausentar do seu trabalho por algumas semanas. Levou dois dias para me dar uma posição.

Convencê-la foi meu primeiro desafio — e minha primeira conquista — naquele projeto. Sempre serei grato a ela por sua cumplicidade.

Escrevi um e-mail para o presidente logo cedo e comuniquei nossa decisão. Claramente satisfeito com a notícia, ele informou que no dia seguinte faria chegar às minhas mãos um envelope com as passagens para São Paulo, a reserva do hotel e uma lista de sugestões de visitas a fazer.

"São Paulo?", pensei comigo. Já conhecia a cidade. Lá eu havia feito um curso técnico na época da empresa de autopeças e participado de algumas feiras de negócios quando trabalhava na franquia de produtos de beleza. A efervescência da metrópole sempre me fascinou. Em uma dessas vezes, estive lá com a minha esposa, quando tivemos uma experiência inesquecível. Mas agora eu deveria me preparar para enxergá-la com outros olhos.

Viajaríamos em três dias. Não havia tempo a perder. A ansiedade crescia. Na véspera, à noite, começamos a arrumar as malas. Que roupa levar? Quantas camisas? Quantos pares de meia? Que tipo de agasalho escolher para enfrentar a terra da garoa? Só roupas formais ou algumas informais?

3. O Líder 360 graus

— Olha a pamonha! Pamonha de Piracicaba! Olha a pamonha!

O som vinha de uma velha Kombi que eu observava através da janela do táxi. Eram 8h30 da manhã. Estávamos nos Jardins, região nobre de São Paulo, perto do hotel em que ficaríamos hospedados. Tínhamos acabado de chegar do aeroporto de Congonhas, onde desembarcamos cedo, com o sol tentando se impor na névoa característica das manhãs paulistanas.

O motorista da Kombi era um senhor que anunciava a iguaria vinda diretamente de uma cidade a 182 quilômetros de distância da capital. Eu achava que aquela antiga técnica de publicidade já havia sido superada.

Não pude esconder minha surpresa, afinal estávamos em um dos maiores conglomerados urbanos do mundo, com cerca de 18 milhões de habitantes. São Paulo sempre me encantou por suas opções culturais, sua variada gastronomia e seus grandes contrastes: de um lado, os modernos prédios e as sofisticadas butiques; do outro, o cotidiano popular das favelas, dos flanelinhas e os costumeiros engarrafamentos.

Minha mulher se divertia com o esforço do taxista, muito simpático, tentando explicar como se prepara uma boa pamonha, feita à base de milho. Ele contou que é preciso conhecer alguns segredos, tais como usar milho verde, limpar bem as espigas, ralar, bater no liquidificador com outros ingredientes e cozinhar lentamente até dar o ponto. E que também é preciso pôr as palhas para ferver, pois elas formam a "embalagem".

— Não é qualquer cozinheiro que sabe fazer — afirmou ele, enfaticamente.

Agradeci, pois estávamos chegando ao nosso destino.

Atravessamos as portas de vidro do hotel e, na recepção, já nos aguardava uma mensagem do presidente da empresa. Ele sugeria alguns nomes de líderes que eu deveria conhecer: em suas idas ao badalado Fórum Econômico Mundial, em Davos, na Suíça, quando morava no exterior, assim como em várias outras ocasiões no Brasil, havia ficado impressionado com a qualidade dos líderes empresariais brasileiros. Mencionou Jorge Paulo Lehman, da Inbev, Luiz Seabra, da Natura, e a grande dama do varejo brasileiro, Luiza Helena Trajano, presidente do Conselho da Magazine Luiza.

O presidente já havia comentado que, no Brasil, os executivos se diferenciam pela capacidade de lidar com mudanças frequentes nas regras do jogo econômico e por serem muito criativos e flexíveis. "Os executivos brasileiros que conheço podem dirigir qualquer empresa em qualquer lugar do mundo. Não devem nada aos melhores da Europa ou dos Estados Unidos", afirmara ele.

Ele recomendou também que eu não deixasse de levar minha esposa para almoçar na Fogo de Chão, churrascaria que ele havia conhecido em sua última viagem a São Paulo.

Após um breve descanso, saboreamos um farto café da manhã. Saímos para uma caminhada; queríamos relaxar um pouco antes de meter a mão na massa.

Não tínhamos um roteiro definido. Andamos pela rua Oscar Freire, olhando as vitrines das sofisticadas lojas de roupas, os restaurantes, que àquela hora ainda recebiam seus produtos dos fornecedores, as pessoas caminhando apressadamente pelas calçadas.

De repente, vi em uma banca de jornal a capa de uma revista com a foto de Jorge Gerdau, que durante muito tempo dirigiu a siderúrgica que leva seu nome.

— Hora de começar a trabalhar! — exclamei. E comprei a revista para me familiarizar com aquele líder que eu tentaria conhecer um pouco mais de perto.

Lendo a matéria, descobri que a Gerdau foi criada em Porto Alegre, em 1901, pelo bisavô materno de Jorge, um imigrante alemão que havia saído de Hamburgo em 1869. Nascida a partir de uma fábrica de pregos, era uma empresa familiar estável, que só enfrentou dificuldades nos anos 1940, durante a Segunda Guerra Mundial. Num lance audacioso, o pai de Jorge, Curt Johanpeter, que liderava o negócio naquela época, comprou a Siderúrgica Rio-grandense para contornar o problema do suprimento de aço e assim produzir os pregos.

Aos 14 anos de idade, Jorge começou a trabalhar na fábrica nas férias escolares, operando máquinas e convivendo diretamente com os operários, o que por certo lhe deu uma visão realista e pragmática da vida empresarial. Passou por todos os setores, desde que se formou em Direito, em 1961, até assumir a presidência da siderúrgica, em 1983.

O Grupo Gerdau chegou a englobar quase duas dezenas de empresas de metalurgia e siderurgia que produzem milhões de toneladas de aço por ano, empregando milhares de pessoas no Brasil, Uruguai, Argentina, Chile, Estados Unidos e Canadá.

Assim como há trinta anos — quando a direção da empresa entendeu que era preciso sair do Rio Grande do Sul e cresceu com a aquisição de fábricas em São Paulo, Pernambuco e Rio de Janeiro —, no final da década de 1980 a Gerdau ultrapassou as fronteiras do Brasil para não perder competitividade. E a ousadia lhe valeu a mudança de patamar.

Mas o sucesso da companhia se deve também a algo intangível: o compromisso com a qualidade, expresso nas diretrizes que seu presidente e líder, Jorge Gerdau Johanpeter, procura difundir pelo país.

Chamou logo a minha atenção o fato de que esse líder buscou, desde o início, transcender os limites de sua empresa. Ele despertou para a necessidade de comandar também a comunidade empresarial e o setor siderúrgico como um todo. Com 20 e poucos anos, ainda estudante de Direito, já integrava os quadros da Federação das Indústrias no seu estado natal, o Rio Grande do Sul.

Alguns anos mais tarde, criou o Programa Nacional de Qualidade e se engajou na busca de soluções para a execução das reformas estruturais necessárias ao Brasil.

Foi também um dos líderes fundadores do Movimento Brasil Competitivo (MBC). Depois, seu objetivo passou a ser expandir suas ideias, agregando eficiência a outras instituições brasileiras, públicas e privadas. Conseguiu realizar várias proezas, entre elas a de reduzir bastante o tempo de espera por atendimento na Santa Casa de Misericórdia de Porto Alegre. Gerdau também investiu em arte, especialmente na Fundação Iberê Camargo, ajudando a preservar a obra do artista plástico gaúcho.

Fiquei tão empolgado com as informações que obtive desse líder que tratei de telefonar logo para seu escritório em Porto Alegre, com a intenção de marcar uma entrevista. Sua assistente me informou que ele estava viajando. Como eu ligava de São Paulo, ela me avisou que na hora do almoço ele daria uma palestra na Federação das Indústrias do Estado de São Paulo.

Foi o tempo de colocar paletó e gravata e voar de táxi para a sede da Fiesp, um arrojado prédio na Avenida Paulista. Quando entrei no salão indicado, o evento estava começando.

Percebi o enorme respeito e o prestígio de que ele desfrutava entre vários outros líderes empresariais, políticos e comunitários. Cada mensagem de Gerdau era recebida com atenção e muita reflexão pelos presentes.

No final da palestra, fui tomar um cafezinho. Um dos convidados comentou, então, que quem não conhece Jorge Gerdau de perto não consegue imaginar que aquele "homem de aço", no passado, podia ser visto surfando nos momentos de folga no seu paraíso particular, perto da praia de Garopaba, no litoral do estado de Santa Catarina. Foi um dos pioneiros do surfe no sul do Brasil, na década de 1950, equilibrando-se em pranchões de madeira que mandava trazer de Copacabana. Praticava também hipismo, outra de suas paixões, desde os 9 anos de idade. Seu Jorge orgulha-se de ter sido o único competidor a colocar três cavalos da raça Holsteiner nas Olimpíadas de Atlanta, em 1996. Dois deles receberam medalhas de bronze.

Diante do interesse na roda de conversa, outro participante do evento relembrou as palavras de Jorge Gerdau em uma entrevista: "Tenho a psicose de bater recordes. Sou um ser competitivo e fanático pela qualidade. O esporte nos prepara para enfrentar desafios."

Saí dali feliz com meu dia de estreia. Atravessei a Avenida Paulista e resolvi entrar no Museu de Arte de São Paulo, fundado em 2 de outubro de 1947, graças à persistência do proprietário dos Diários Associados, Assis Chateaubriand, e à dedicação do professor Pietro Maria Bardi, que dirigiu o museu por décadas e foi o verdadeiro "olho" por trás de importantes aquisições do seu acervo. Fiquei sabendo também, por meio de um antigo cartaz na bilheteria, que o atual prédio do Masp foi inaugurado em um superevento que contou com a presença da rainha Elizabeth, da Inglaterra.

Enquanto observava o edifício, em especial o imenso vão livre projetado pela arquiteta italiana Lina Bo Bardi, liguei para minha esposa, sugerindo que viesse ao meu encontro. Ela chegou quase uma hora depois.

Entramos finalmente no museu e tivemos mais uma bela surpresa. Além de artistas brasileiros, como Anita Malfatti, Pedro Américo, Lasar Segall e Di Cavalcanti, o Masp contava com uma amostra rica e variada da arte europeia.

SEJA O LÍDER QUE O MOMENTO EXIGE | 53

Nunca tínhamos visto tantas telas do pintor Renoir em um mesmo local. Além disso, "sobravam" pinturas de outros impressionistas, o ponto alto da coleção: Cézanne, Van Gogh, Toulouse-Lautrec, Degas, Manet, Monet. Encontramos ainda telas assinadas pelo gênio espanhol Pablo Picasso; nomes consagrados da Escola Italiana, como Raffaello Sanzio, Botticelli e Tintoretto; e representantes da Escola Espanhola, como Goya, Velásquez e El Greco. Depois de duas horas percorrendo os vários andares do museu, decidimos voltar para o hotel. No caminho, comecei a contar para minha esposa as reflexões que as experiências daquele dia haviam despertado em mim.

Disse que comecei a perceber que o Líder Inspirador deve exercer sua liderança com uma visão muito mais ampla do que a tradicional miopia de comandar apenas equipes internas. Deve liderar dentro dos limites da empresa e para baixo, como a maioria dos líderes, mas se diferenciar por liderar também fora da empresa, para cima e para os lados.

Num rompante, minha esposa exclamou:

— Uau! Então podemos dizer que o Líder Inspirador é um Líder 360 graus!

Exausto, fui deitar pensando no maior calcanhar de Aquiles da maioria dos líderes, o desafio que consiste em planejar a própria sucessão. Esse é o teste máximo de um líder: saber sair de cena no momento certo, exercer sua liderança em outros campos e abrir caminho para o sucessor.

Eu ainda refletia sobre o grande desafio da sucessão, quando me lembrei do filme que havia visto na semana anterior à viagem. Eu tinha perdido a oportunidade de assistir no cinema a *Dois filhos de Francisco*, um grande sucesso de bilheteria, e então decidi comprar o DVD. O filme mostra um belo exemplo de superação. Pai de nove filhos, seu Francisco, um pobre lavrador de Pirenópolis, interior de Goiás, sonhava transformar dois deles, Mirosmar José e Emival, em uma famosa dupla sertaneja. Quando Zezé, o filho mais velho, completou 3 anos, ganhou do pai uma gaita. Mais tarde, com o dinheiro que vinha da lavoura, seu Francisco comprou uma sanfona e um violão para os meninos, que àquela altura já formavam a dupla Camargo e Camarguinho.

A família se mudou para Goiânia e passou a morar em um barraco de dois cômodos. Seu Francisco arrumou emprego como servente de obra. Dona Helena, sua mulher, trabalhava como lavadeira. Após muita labuta e o treinamento prático dado pelo pai, a dupla conseguiu certo sucesso no interior do país, mas um acidente automobilístico pôs fim à vida de Emival e à carreira da dupla.

Mirosmar tentou outros empregos até se transformar no cantor Zezé di Camargo. Mas a fama só veio depois de formar uma nova dupla, dessa vez com seu irmão caçula, Welson, que passou a ser chamado de Luciano. Assim, os dois realizaram o sonho do pai e da mãe.

O exemplo de seu Francisco foi fundamental para o sucesso dos filhos. Dona Helena, de forma silenciosa, exerceu sempre grande influência sobre toda a família. Pode-se afirmar que eles foram a "régua e o compasso" na formação dos filhos. Ambos souberam liderar nos momentos mais difíceis.

Seu Francisco sempre foi determinado e perseverante. Conseguiu levar a música para dentro de sua casa muito humilde e isolada do resto do mundo, quando ainda moravam na zona rural, fazendo verdadeiras "gambiarras" com fios elétricos na estrada de barro para ligar seu velho rádio. Ensaiava com os filhos usando uma enxada como se fosse um microfone fixo e fazia os dois cantarem para um público imaginário.

Muitos anos depois, a dupla fechou contrato com a gravadora Copacabana. O repertório já estava definido. Porém, quando faltava um dia para entrar no estúdio, Zezé teve um estalo e compôs o que viria a ser seu grande sucesso — "É o amor". Insistiu com os executivos da gravadora e acabou conseguindo incluir a faixa no LP.

Antes mesmo de o disco sair, Zezé Di Camargo deixou uma fita com essa música na rádio Terra FM de Goiânia. Perseverante, seu Francisco valeu-se de um discutível truque: comprava quinhentas fichas telefônicas por semana e as espalhava pela vizinhança. Então dizia às pessoas que ligassem para a rádio e pedissem a música que seus meninos haviam acabado de gravar. Em 15 dias, "É o amor" se tornou a música mais pedida da cidade, graças à demanda que ele criou.

O esforço de seu Francisco deu resultado. Em 2003, a dupla Zezé Di Camargo e Luciano foi agraciada com o Grammy Latino, como melhor álbum de música sertaneja. No ano seguinte, receberam outro Grammy, na categoria de música romântica.

As ideias estavam fervilhando na minha cabeça. Mesmo assim, o cansaço foi mais forte e acabei dormindo.

Voltei ao assunto na manhã do dia seguinte. Minha esposa e eu começamos a comparar as curiosas histórias de seu Jorge e de seu Francisco.

Um cosmopolita, o outro, provinciano. Um sabia falar três idiomas — espanhol, inglês e alemão — além do português. O outro mal sabia escrever seu nome na língua materna. Um era capitão de indústria; o outro, lavrador e depois operário de construção civil na cidade grande. Um nasceu no seio de uma família de imigrantes; o outro era um "pau de arara". Ambos líderes!

Por meios completamente diferentes, seu Jorge e seu Francisco influenciaram a vida de milhares de pessoas. Tinham uma missão definida. Estavam empenhados em formar líderes. Ambos lideraram "fora" de seus círculos restritos. Seu Francisco lutou para convencer radialistas, políticos e empresários a apostarem no talento de seus meninos.

Voltamos ao quarto para organizar melhor nossa agenda. Acessamos nossos e-mails. Nenhuma novidade. Fomos andar um pouco no lindo e movimentado Parque do Ibirapuera.

Mais tarde almoçamos na churrascaria Fogo de Chão, seguindo a sugestão do presidente da minha empresa. Eu continuava a fazer minha análise das características da liderança dos nossos dois heróis quando minha esposa me interrompeu, chamando minha atenção para a decoração e a simpatia dos garçons. O maître sugeriu pratos especiais. Falou com entusiasmo sobre seu local de trabalho. Parecia muito motivado.

Quando ele se afastou, resolvi testar seu discurso e perguntei ao garçom que nos servia se ele estava satisfeito com seu trabalho. Ele respondeu que sim e foi logo contando sua história. Começou como ajudante na cozinha. Estava progredindo. Sonhava ir para uma das filiais no exterior. Não poupou elogios a Arri Coser, antigo dono da churrascaria:

— Ele nos ensinou a encarar o trabalho como um prazer, e não como uma obrigação — afirmou.

Enquanto almoçávamos, comentei com minha esposa como havia ficado impressionado com a história dos dois filhos de seu Francisco. Ela lembrou que havia lido um interessante relato de Luciano, o irmão mais novo de Zezé di Camargo, no livro *O que aprendi com meu pai*, que ganhara de presente de uma amiga:

"'Quando éramos crianças, morávamos numa casa bem pequena. O dinheiro era pouco, a luta era grande, e a sabedoria do velho Chico, maior ainda', contava Luciano.

"Um dia, falou com o pai que precisava trabalhar, mas não sabia bem o que fazer:

"'Pai, quero brilhar como Zezé, meu irmão', disse.

"Ao que seu Francisco respondeu:

"'Já sei o que você pode fazer, Welsinho.'

"À noite, levou para casa uma caixa de engraxate que montaram juntos, e seu Chico anunciou:

"'Welsinho, aqui está o seu material de trabalho. Seu primeiro ofício será o mais nobre de todos: dar brilho aos passos dos outros. Sabe por quê? A gente só aprende a brilhar quando dá luz aos caminhos do próximo.'"

Ficamos em silêncio, pensando naquela lição de sabedoria e humildade.

Após dois cafezinhos, acionamos nosso aplicativo no celular para chamar um táxi.

Fomos direto para a Catedral da Sé, uma construção imponente no centro da cidade, na praça onde fica o Marco Zero de São Paulo. Minha esposa e eu temos lembranças de um momento inesquecível naquele local. Presenciamos a visita do Dalai Lama, que estava no Brasil, participando de uma cerimônia com vários outros líderes religiosos e endereçando uma mensagem aos fiéis na famosa catedral.

Sua Santidade, o décimo quarto Dalai Lama, é um dos mais fascinantes líderes mundiais. Nasceu em uma família de agricultores na aldeia de Takster, no leste do Tibet, e aos 2 anos de idade foi reconhecido por monges como a reencarnação da autoridade máxima do budismo tibetano.

Aos 4, separado da família, mudou-se para o Palácio de Potala. Após uma rigorosa preparação — que incluiu o estudo de história, filosofia e religião —, assumiu o cargo de líder espiritual em 1950, ano em que a China invadiu o Tibet. Obrigado a se exilar na Índia em 1959, foi seguido por 80 mil tibetanos.

Até hoje o Dalai Lama luta de forma pacifista pela emancipação de seu país e peregrina pelo mundo pregando o amor, a dignidade e a humildade. Vive de acordo com as "Oito Regras de Vida" do Buda, sendo a primeira delas a crença de que a Verdade é o guia do ser humano. Tem diversos livros publicados e é um símbolo vivo de perseverança e da luta incessante por uma causa que já mobilizou várias personalidades em todo o mundo.

A cerimônia na Catedral da Sé extrapolou completamente nossas expectativas. Esperávamos "apenas" ouvir uma mensagem do Dalai Lama e, se possível, vê-lo de perto. Mas presenciamos um momento peculiar, um culto ecumênico com a participação de vários líderes religiosos. Foi uma celebração inter-religiosa promovida pela Arquidiocese de São Paulo. Sentaram-se lado a lado sete líderes: o então arcebispo de São Paulo, dom Cláudio Hummes, anfitrião da cerimônia; o rabino Henry Sobel, da Congregação Israelita Paulista; o reverendo Stanley da Silva Moraes, representante do Conselho Nacional de Igrejas Cristãs; o sheik Armando Hussein Saleh, representante da religião islâmica; o hare krishna Swamim; a mãe de santo Ebomi Conceição, do Instituto da Tradição e Cultura Afro-brasileira, presença de maior surpresa; e o Dalai Lama, cujo nome de registro é Tenzin Gyatso.

Minha esposa e eu estávamos emocionados e perplexos diante daquelas imagens que acompanhávamos ao vivo. Jamais imaginamos que um dia participaríamos de um momento mágico como aquele. Numa época em que guerras e conflitos em várias regiões do mundo são motivados não apenas por interesses econômicos, mas muitas vezes por divergências religiosas, aqueles líderes estavam unidos por uma causa maior: a paz! Independentemente das crenças individuais, os sete juntos pareciam dizer que um Deus maior os unia em defesa da paz e do amor. Davam um exemplo excepcional, que deixava clara a diferença entre religiosidade e religião.

Saímos dali em silêncio, de mãos dadas e felizes por saber que naquele breve momento a cidade de São Paulo foi o centro do Universo.

Fomos dormir assim que regressamos ao hotel. No dia seguinte, iríamos visitar a Embraer, empresa que é símbolo de sucesso e motivo de orgulho no Brasil. Consegui agendar uma série de reuniões em São José dos Campos, utilizando o nome do presidente da minha empresa.

Com o espírito reconfortado pela celebração inter-religiosa que presenciamos à tarde, estava agora muito interessado em entender uma causa bem mais terrestre — a reviravolta ocorrida na Embraer, a partir do momento em que a empresa foi privatizada. Mas isso ficaria para o dia seguinte.

4. O Líder Empreendedor

"Seremos uma empresa de classe mundial!"

No dia seguinte, acordamos bem cedo para viajar para São José dos Campos, a cerca de 100 quilômetros da capital paulista, onde fica a sede da Embraer, conhecida fabricante brasileira de aviões, que passou por uma grande transformação a partir de 1995.

Na época, a empresa se encontrava com dívidas altas, vendas estagnadas e funcionários desmotivados. Em uma década, transformou-se na terceira maior fábrica do ramo de aviação comercial do mundo. Tornou-se a empresa brasileira de alta tecnologia com maior participação no mercado internacional. Foi preciso mudar a cultura da empresa, dotá-la de maior dose de empreendedorismo e ousadia e de uma causa — transformá-la em uma empresa de classe mundial — para turbinar a equipe, em grande parte formada por competentes engenheiros capacitados no conceituado Instituto Tecnológico de Aeronáutica.

Parte da nova cultura passou a ser a crença de que os clientes valorizam muito quem oferece a solução integrada para suas necessidades, e não apenas produtos de qualidade. Uma evidência dessa nova forma de pensar é exemplificada na área de assistência técnica e manutenção. Durante um evento em um resort na Bahia, do qual participei tempos atrás, um dos funcionários da Embraer contou que a empresa montou megaoficinas na Ásia, na Europa e nos Estados Unidos, seus maiores mercados consumidores. Chegou a dizer, brincando, que a solução foi fazer o que sugere Milton Nascimento, na canção "Nos bailes da vida": "Todo artista tem de ir aonde o povo está." Traduzindo: a empresa tem de estar onde estão seus clientes!

Na viagem de volta para a capital paulista, enquanto pensava sobre a transformação da Embraer na tão sonhada empresa de classe mundial e revia os passos de alguns líderes bem-sucedidos em promover projetos de reinvenção em diversos tipos de empresas — iniciativa conhecida tecnicamente como *turnaround* —, cheguei à conclusão de que essas reviravoltas não acontecem apenas em grandes empresas, capitaneadas por líderes formados em instituições famosas. Às vezes, o espírito empreendedor, a determinação, o foco e os valores praticados por uma pessoa dispensam a necessidade do diploma e se constituem em alavancas do sucesso da liderança. Fiquei remoendo essa ideia na mente até que tive a chance de comprová-la na prática. Atendendo a uma outra sugestão do presidente da minha empresa, viajamos para o Rio de Janeiro, onde imaginei que certamente encontraríamos um bom exemplo de empreendedorismo.

Lembrei-me da história de Heloísa Helena Belém de Assis, a Zica, dona de um salão de cabeleireiros, o Beleza Natural.

Voamos de ponte aérea para a Cidade Maravilhosa em um sábado, véspera do dia em que assistiríamos a um jogo entre o São Paulo e o Vasco da Gama, em pleno estádio do Maracanã. Na chegada ao Rio de Janeiro, desfrutamos de uma vista já conhecida, mas ainda assim de tirar o fôlego, à medida que o avião se aproximava do aeroporto Santos Dumont. Lá do alto avistamos a bela Baía de Guanabara; o Corcovado, com a célebre imagem do Cristo Redentor de braços abertos, a cerca de 700 metros de altura; e o estádio majestoso, palco de algumas das maiores jogadas do futebol durante décadas.

Zica começou a trabalhar como babá aos 15 anos de idade. Aos 21, vendia cosméticos. Tornou-se empresária aos 32 anos. Negra, bonita, simpática, era uma eterna insatisfeita com seus cabelos crespos sempre rebeldes. Os cachos não assentavam nem mesmo usando os produtos que ela vendia.

Um dia, resolveu misturar os produtos e testar várias combinações em seus cabelos, tornando-se cobaia de seus próprios experimentos. O resultado inicial foi um desastre: os fios caíram. Quase desistiu. Enfim conseguiu produzir um composto capaz de relaxar seus cabelos crespos.

Zica abriu seu primeiro salão e teve um bom resultado. As amigas falaram para outras amigas. Apareceram as primeiras filas. Ela então resolveu se profissionalizar. Passou a produzir mais. E o negócio começou a decolar.

Hoje, o Beleza Natural tem várias filiais, por onde passam milhares de clientes todo mês. O produto para relaxar cabelos crespos foi patenteado e só pode ser usado no seu salão de beleza. Zica tem uma fábrica que produz algumas toneladas desse cosmético por mês. A fórmula é um segredo tão bem-guardado que me fez lembrar do mistério acerca do xarope que dá origem ao refrigerante mais conhecido no mundo inteiro, a Coca-Cola.

Embora não revele a fórmula química de seu produto, Zica não faz segredo de sua fórmula empresarial:

— Criar algo para levantar a autoestima das mulheres — diz a jovem líder de negócios, abrindo um largo sorriso. — Essa é a missão do Beleza Natural. Essa foi a causa que abracei, e o sucesso é o resultado dessa proposta.

Assim como Zica fez acontecer no campo empresarial, o líder pode fazer acontecer em várias dimensões da vida — no esporte, na dança, no mundo artístico. Tive a chance de comprovar essa tese na visita que fizemos ao galpão de uma escola de samba, onde conhecemos detalhes da vida de um líder inusitado: Joãosinho Trinta, o maior carnavalesco do país, que veio do Maranhão para o Rio de Janeiro com o sonho de se tornar bailarino.

Ele dirigiu quase quarenta desfiles à frente de várias escolas: Salgueiro, Beija-flor, Viradouro e Grande Rio. Ganhou muitos títulos. Para isso, teve de liderar não apenas o desfile naqueles noventa minutos de glória na Marquês de Sapucaí, onde fica a "Passarela do Samba".

Joãosinho Trinta liderou fora da escola. Liderou os políticos, os líderes comunitários, os cartolas. Teve que liderar pessoas difíceis, artistas, gerenciar vaidades. Liderar a imprensa, os formadores de opinião.

— Foi preciso ser um Líder 360 graus — constatei baixinho para minha esposa.

E sempre defendendo uma causa nobre. Ele afirmou em uma entrevista que "um desfile é a soma de talentos apaixonados que produz o maior espetáculo da Terra". Segundo o carnavalesco, a vitória depende de muitos fatores e da diversidade de talentos.

Por isso, Joãosinho Trinta nunca deixou de valorizar os empurradores dos carros alegóricos:

— Não recebem os aplausos da torcida nem a atenção dos fotógrafos e das câmeras de televisão. Mas são eles que fazem força enquanto os outros sambam — disse.

Para enchê-los de brios, o carnavalesco se reunia com os empurradores dos carros antes de se encontrar com os demais para contar o enredo. Também desenhava uma fantasia especial para o grupo.

— Aí eles ganham mais força para fazer o trabalho e puxar as cordas — justificou-se.

Joãosinho também citou o exemplo da bateria da escola, formada por mais de trezentos homens que nunca tocaram juntos antes porque o local dos ensaios não comporta todos:

— Quando se encontram no desfile acontece uma incrível harmonia. Trata-se de um verdadeiro milagre! Por mais que os mestres se esmerassem, não seriam capazes disso sozinhos. Só conseguem porque todos estão interessados em fazer o melhor; que a alegria seja de toda a escola.

Bela lição de liderança. Ah, como a maioria dos gerentes das empresas gostaria de conseguir esse tipo de sinergia entre os membros de suas equipes!

Pegamos no sono enquanto fazíamos planos para o dia seguinte, quando iríamos ao estádio do Maracanã.

Era domingo e estávamos felizes ali, assistindo a muito mais do que um jogo de futebol — apreciávamos a beleza das torcidas organizadas, as arquibancadas lotadas fazendo a ola, movimento sincronizado dos torcedores em forma de onda que se agita de um lado a outro do estádio. Um verdadeiro espetáculo! Chegamos cedo para ver aquele teatro contagiante ao ar livre se enchendo ruidosamente.

Sugeri a minha esposa que observasse em especial o goleiro do São Paulo, Rogério Ceni. Logo no começo do jogo, ele fez duas ou três boas defesas, e de repente lá estava ele chutando uma falta a favor de seu time. Vibrava, gesticulava muito, vinha até a beira do gramado ouvir orientações do técnico.

Ceni se distinguia dos outros não apenas por suas qualificações técnicas, mas pela forma como se comportava.

No intervalo do jogo, vi alguns garotos com a camisa do Vasco correrem em sua direção para tirar uma foto ao seu lado. Como líder diferenciado que é, o goleiro são-paulino conquistou o respeito até mesmo dos torcedores do time adversário.

Ou seja, ali estava alguém que não fica confinado ao papel que se espera dele. Rogério Ceni, na verdade, desempenhava três papéis: o de goleiro; o de artilheiro, cobrando faltas e pênaltis; e o de líder dentro do campo, apoiando seu líder fora das quatro linhas, o treinador da equipe. Recentemente, Rogério Ceni deixou de ser jogador e iniciou a carreira de técnico de futebol.

Regressamos à capital paulista no início da noite, satisfeitos pelas experiências produtivas que tivemos no Rio. Minha esposa e eu continuamos trocando ideias e voltamos às comparações, desta vez entre Zica e Rogério Ceni. O que eles tinham em comum?

Ao chegar ao hotel, recostei-me na cama para descansar um pouco, enquanto minha esposa tomava um banho. Liguei a televisão e fiquei zapeando canais, sem me decidir por nenhuma das atrações. Até que um programa de entrevistas chamou minha atenção. A entrevistada era uma senhora de mais de 70 anos, de olhar tranquilo. Suas respostas eram intercaladas com imagens de crianças em locais com recursos limitados.

Era a Dra. Zilda Arns, outro exemplo de liderança fora do mundo empresarial. Médica pediatra e sanitarista bastante conhecida, ela é fundadora e coordenadora nacional da Pastoral da Criança, organismo de ação social da Conferência Nacional dos Bispos do Brasil. Foi cinco vezes indicada ao Prêmio Nobel da Paz. A grande missão de Zilda é liderar o trabalho voluntário de mais de 200 mil pessoas na grande causa que abraçou: levar orientação e solidariedade a mais de 1,3 milhão de famílias pobres, acompanhadas todos os meses em ações básicas de saúde, nutrição, educação e cidadania, independentemente de cor, raça, orientação religiosa ou política.

Tudo começou durante uma conversa informal entre o então secretário-executivo do Unicef e o cardeal Dom Paulo Evaristo Arns, irmão de Zilda, na época, responsável pela arquidiocese de São Paulo. O secretário disse que a Igreja poderia reverter a situação da mortalidade infantil no Brasil. Quando voltou ao país, Dom Paulo procurou a irmã para narrar o teor dessa conversa.

Em pouco tempo nascia a Pastoral da Criança, a partir de um projeto desenvolvido pela própria Zilda e apoiado pelo Unicef. Para a primeira experiência, foi escolhido o município de Florestópolis, no Paraná, onde o índice de mortalidade chegava a 127 em cada mil crianças nascidas vivas. Após um ano de atividade, esse índice caiu para 28 em mil.

Reconhecida por sua eficiência, a entidade está servindo de modelo para vários países da África, América Latina e Ásia. E, em paralelo, o trabalho de Zilda Arns como médica e administradora conquistou diversos prêmios nacionais e internacionais. Posteriormente, ela começou a passar o bastão da coordenação da Pastoral da Criança, cargo que exerceu durante mais de duas décadas. Mas não se afastou de vez. Começou a se dedicar mais aos projetos internacionais da ONG e a tentar dar mais substância à Pastoral da Pessoa Idosa.

— As crianças e os idosos são as pontas mais frágeis da nossa sociedade — dizia ela.

Quando lhe perguntaram por que estava deixando a coordenação da Pastoral da Criança, ela não pensou duas vezes para responder:

— Ela já está consolidada, muito organizada. Quero dar oportunidade para outros conduzirem os trabalhos!

Infelizmente sua inspiradora atuação foi interrompida em 2010 pelo terremoto no Haiti, onde se encontrava em uma ação humanitária promovida pela ONU.

A trajetória dessa grande líder me fez pensar sobre a forma eficaz como pode ser desempenhada a liderança comunitária, e eu me perguntei se haveria diferenças entre o exercício da liderança em uma empresa privada, uma instituição pública e uma organização não governamental. Estava satisfeito com os resultados dessa primeira etapa do trabalho, mas ainda teria que ir a um evento para me encontrar com o líder de uma empresa localizada na região amazônica, a MASA, que havia sido reconhecida como "A Melhor Empresa para se Trabalhar no Brasil" — prêmio concedido a partir de votação realizada entre os próprios funcionários.

Essa informação instigou minha curiosidade. Decidi conhecer de perto o líder que fez de uma empresa localizada fora do eixo Rio-São Paulo-Minas Gerais, os três maiores polos industriais do Brasil, o melhor lugar para se trabalhar no país.

Seu nome: Ulisses Tapajós Neto. Ele estava em São Paulo naqueles dias, para participar do VI Fórum de Presidentes, promovido pela Associação Brasileira de Recursos Humanos (ABRH). Na noite anterior, recebera uma homenagem pelo prêmio conquistado pela MASA. Uma proeza e tanto para uma empresa localizada na antessala da floresta Amazônica.

Fui até o Fórum dos Presidentes acompanhado de minha esposa e tive a grata oportunidade de conversar com esse importante líder empresarial, o único manauense a presidir uma empresa de porte no Polo Industrial de Manaus.

O primeiro sonho de Ulisses Tapajós Neto foi o de montar um restaurante para o seu pai, que trabalhou como garçom durante trinta anos. Formou-se em Engenharia Química no Paraná e começou a atuar em projetos de construção do polo na capital amazonense. Ajudou na implantação da Cervejaria Manaus, da Moto Honda e da Multibrás, que depois se transformou na MASA, empresa que dirige desde 1993. Em 2000, aos 53 anos, fez um MBA com foco em gerenciamento de equipes por ter a convicção de que nunca é tarde para aprender.

— Trocando experiências com outros executivos — disse ele —, entendi com muito mais clareza que as pessoas gostam de ser respeitadas, valorizadas, desafiadas, reconhecidas e recompensadas.

Ulisses assumiu a presidência da empresa com a missão de fechá-la. Mas conseguiu reinventar a MASA. Promoveu uma grande reviravolta e foi o principal articulador da sua venda para a Flextronics, companhia norte-americana de peças plásticas.

— Toda mudança gera desconforto — disse ele, ao justificar sua decisão de explicar o processo, as vantagens e os desafios da venda da empresa aos cerca de mil funcionários, em várias e sucessivas reuniões. Ele conhece, sem exceção, cada um deles pelo nome e pela função que exerce.

À medida que a conversa avançava, ficava claro que a conquista desse prêmio não havia sido por acaso. Ulisses perseguiu esse sonho. Elaborou um plano detalhado de ação, com metas específicas para cada ano. Ele é um belo exemplo de líder que sabe inspirar pelos valores que defende, pelo intangível — algo que as pessoas não tocam nem veem, mas sentem.

Diferentemente da maioria dos líderes — que apostam apenas em valores tradicionais como remuneração, benefícios, cargos etc. —, Ulisses também investiu em credibilidade, respeito, imparcialidade, orgulho e camaradagem, que formam os pilares de uma boa empresa para se trabalhar.

Ele criou um código de conduta e ética para orientar a postura e a atitude de seus colaboradores. Incentivou projetos de capacitação e de formação acadêmica, procurando melhorar a qualidade de vida dos funcionários e estender a relação que eles têm com a empresa às suas famílias.

A MASA ainda ganhou outro prêmio, o de Empreendedorismo Corporativo, sendo reconhecida como a empresa que mais estimula seus funcionários a colaborarem para o processo de inovação.

Esses dois prêmios, concedidos por instituições independentes, atestam uma enorme coerência na cultura da empresa.

Mais de 10 mil ideias já foram sugeridas pelos funcionários e estão sendo implantadas. Uma dessas iniciativas é inusitada: a empresa oferece cursos profissionalizantes para familiares de funcionários e um kit básico para que possam iniciar um pequeno negócio, e assim aumentar a renda familiar.

— Valorizar as pessoas é a nossa marca! — salientou Ulisses. — Importante, também, é respeitar e agregar valor à comunidade e ao meio ambiente.

Lembrei-me de algo que há muito tempo martelava minha cabeça: a antiga crença de que "o segredo é a alma do negócio". Mais recentemente, os marqueteiros haviam se encarregado de difundir que "a propaganda é a alma do negócio". Saí do encontro com Ulisses Tapajós convencido de que, na realidade, "a alma é que é a propaganda do negócio". Ou seja, a cultura — o conjunto de valores de uma família, de uma empresa, de um país — é o divisor de águas no exercício da liderança e, consequentemente, o que separa o sucesso do fracasso.

O conjunto de valores que deveria servir de guia para a interação de líderes e liderados é a variável menos explicitada e, muitas vezes, a mais negligenciada no exercício da liderança.

Vivemos em uma sociedade na qual a maioria das famílias, empresas e nações supervalorizam o resultado obtido. Por exemplo, as notas na escola, frequentemente, são o que mais conta para definir a relação entre pais e filhos. O lucro de uma empresa é o que determina quase sempre a relação entre chefes e subordinados. O número de votos obtidos e o índice de popularidade são a grande medida dos políticos.

Aprendi com Ulisses que o resultado não é a única coisa que importa; deve-se observar a forma como o resultado é obtido. E ainda o modo como o resultado obtido é utilizado: serve apenas para aumentar a riqueza dos acionistas? Ou também agrega valor aos que ajudaram a criar a riqueza e dá algum retorno à comunidade?

Ulisses resumiu seus objetivos:

— Meu papel como presidente da MASA é demonstrar para a Flextronics, nossa acionista, que é possível conseguir resultados por meio de pessoas felizes.

Ou seja, ao explicitar sua crença no binômio resultado/felicidade, Ulisses demonstrou que parte do seu trabalho é também liderar para cima, ou seja, influenciar seus acionistas, e não apenas comandar os colaboradores que trabalham na fábrica em Manaus.

Ele fez questão de realçar que não se trata de paternalismo:

— Minha preocupação — afirmou categoricamente — é ser justo e imparcial!

— Bela lição nos deu esse líder que trabalha em plena Amazônia — comentei com a minha esposa.

Ela sorriu e depois afirmou, em tom quase solene:

— Concordo plenamente. O Dr. Ulisses Tapajós usou muito do que aprendeu na faculdade de Engenharia Química para criar toda essa alquimia entre pessoas, acionistas e comunidade e reinventar aquela empresa.

Quando a cerimônia acabou, já era tarde. Eu estava impressionado com vários outros líderes que participaram daquele fórum. Minha esposa conversava com alguns deles, exemplos do tipo de Líder Inspirador que influencia fora, para cima, para os lados e também dentro da empresa.

Na manhã seguinte, acordamos mais cedo que de costume. Fazia uma semana que estávamos viajando. Eu tinha que mandar um breve relatório para o presidente, com cópia para os outros três participantes daquela nossa reunião.

Não consegui resumir tanta experiência em poucas linhas. Num rompante, decidi mandar, em vez de um relatório formal, estas páginas que estou escrevendo. Anexei este meu "diário de bordo" ao e-mail endereçado a ele e me comprometi a tentar, depois, organizar de forma esquemática o que estávamos aprendendo sobre liderança.

Logo após o almoço, chegou sua resposta:

"Recebi seu e-mail. Parabéns pelo progresso. Deixe para fazer as propostas específicas no final, quando tiver a visão do todo. O relato enviado, mesmo em estado bruto, já dá

*uma ideia de algumas descobertas bastante úteis.
Pode continuar me enviando relatos assim nas futuras
viagens. Sobre suas impressões a respeito de São Paulo, o
que posso dizer é que a diversidade é uma das características
do mundo de hoje. Este é o aparente paradoxo no qual
vivemos: um mundo cada vez mais globalizado e cada vez
mais customizado. Próxima parada: Tóquio! Ainda hoje
enviarei o comprovante da reserva do hotel e os bilhetes
eletrônicos em classe executiva, pois a viagem é longa.
Minha assistente lhe dará as instruções para a obtenção
dos vistos de entrada no Japão. Boa sorte e vá mais fundo!"*

— Tóquio?! — exclamei em alto e bom som, olhando para minha mulher.

Cinco minutos depois, já acessava a internet para levantar o máximo de dados sobre o nosso próximo destino. Qual seria o clima nessa época do ano? Quanto tempo de voo?

Na manhã seguinte, corremos para o Consulado japonês em São Paulo para as devidas formalidades, o que nos custou mais de duas horas de intermináveis entrevistas, preenchimento de formulários e coisas do gênero. Na saída, uma simpática atendente lembrou-nos que no bairro da Liberdade residem cerca de 1 milhão de japoneses, constituindo a maior colônia fora do Japão. Em tom de brincadeira, ela insinuou que uma breve visita ao local seria uma boa forma de nos familiarizarmos um pouco com os costumes orientais.

Aceitamos a sugestão e rapidamente nos dirigimos para lá, pois às 22h deveríamos estar no aeroporto de Guarulhos.

O bairro da Liberdade é surpreendente! Às 13h, suas ruas estavam fervilhando de gente. Parecia de fato uma cidade oriental. Entramos em várias lojas, pequenas mercearias, butiques. Já entardecia quando sentamos em um alegre e barulhento sushi bar para um breve lanche. O dono estava a postos. Voltara havia menos de um mês de Nagoya, cidade natal de seus pais. Alertou-nos de que estava esfriando naquele lado do Pacífico. E, sorrindo, disse:

— Japão bonito. São Paulo bonito. Mundo bonito, né?

Quando o avião decolou, às 23h30, minha esposa e eu trocamos aquele olhar de cumplicidade que torna dispensável qualquer palavra. Cada um de nós sabia o que se passava no íntimo do outro.

A aeromoça perguntou qual era nossa opção de prato. Escolhemos apenas uma salada. Pedimos uma taça de vinho tinto. Ela nos serviu um Ícono, da vinícola Penedo Borges, um excelente vinho feito com uvas Malbec cultivadas em Mendoza, na Argentina.

Fizemos um longo e silencioso brinde.

5. O Líder "Construtor de Pontes"

"Os times multifuncionais eram necessários para deixar claro que o salvamento da empresa era uma missão de todos."

Lembrei-me dessa afirmativa do franco-brasileiro Carlos Ghosn, presidente da Nissan, no momento em que minha esposa, em pleno voo de escala para Los Angeles, comentou, com um pequeno dicionário nas mãos, que só sabíamos dizer "obrigado" em japonês. Ghosn ganhou notoriedade internacional pela notável recuperação da montadora japonesa, mesmo não sendo fluente no idioma local.

— Deve ter sido uma prova de fogo para a liderança dele — afirmei. E comecei a contar a ela uma história sobre esse conhecido líder empresarial que eu havia lido em uma revista. Naquele momento, um japonês de uns 60 anos, que parecia estar cochilando ao nosso lado, entrou na conversa e perguntou, com uma pronúncia bastante razoável em inglês, se conhecíamos Ghosn "San" — Sr. Ghosn, em japonês.

Respondi que não. Então ele abriu um largo sorriso e disse que era um professor, estudioso da trajetória da Nissan. Depois pediu licença para contar a história recente da companhia, caso estivéssemos interessados. Obviamente concordei, e ele deu início à sua narrativa.

— Quando Ghosn assumiu a presidência, a Nissan tinha dívidas de quase US$20 bilhões e amargava havia sete anos prejuízos que passavam de US$6 bilhões. Ele prometeu devolver a lucratividade à empresa no prazo máximo de dois anos. Caso contrário, deixaria o cargo. Em um ano e meio, a contabilidade da Nissan voltou ao azul e a dívida caiu pela metade — expôs nosso vizinho de poltrona daquela longa e cansativa viagem. — Além de reduzir custos, ele conseguiu mobilizar as pessoas em torno de uma causa comum: salvar a Nissan — continuou, deixando transparecer um brilho no olhar que me fez intuir que ele também havia participado daquela "operação salvamento".

Relatou ainda que, ao contrário da cultura vigente da linha de montagem superespecializada, Ghosn preferiu organizar equipes multifuncionais, compostas de pessoas oriundas de diferentes áreas da empresa, mostrando dessa forma como a integração entre setores seria importante para a recuperação da Nissan. Assim, ele derrubou as paredes invisíveis que separavam os departamentos e construiu verdadeiras pontes entre eles. Nosso companheiro de viagem enfatizou, como se estivesse saboreando as palavras:

— Ele foi um construtor de pontes, em vez de um construtor de paredes, como haviam sido seus antecessores, que valorizavam a especialização e os feudos internos. As pontes de Ghosn salvaram a Nissan!

Estávamos exaustos, mas prestávamos muita atenção ao seu relato.

— Construtor de pontes? — perguntei. — Como assim?

Ele explicou que, até pouco tempo atrás, quando os clientes compravam apenas o produto, era admissível que houvesse líderes com o perfil de construtores de paredes, ou seja, especialistas nos seus departamentos. Mas, a partir do momento em que os clientes passaram a valorizar mais os serviços do que os produtos, a percepção deles sobre o funcionamento da empresa como um todo passou a ser fundamental. Salientou também que a sociedade começou a valorizar mais as empresas que desenvolvem projetos sociais, integradas à comunidade onde atuam.

— Por isso — prosseguiu ele —, os líderes hoje têm de ser mais construtores de pontes, não só entre os diversos departamentos como entre a empresa e seus fornecedores, e também entre a empresa e a comunidade.

Naquele momento, ele fez um breve silêncio e concluiu:

— Estou falando de conexões. Mas a principal ponte que o líder precisa construir é dentro dele mesmo: a ponte entre o racional e o emocional, entre o pessoal e o profissional, entre o pensar e o fazer. A era industrial forçava fragmentações quando, por exemplo, exigia que a pessoa deixasse suas emoções em casa e fosse para o trabalho apenas com sua parte racional e profissional. Mas hoje as empresas precisam da imaginação das pessoas para vencer o jogo competitivo por meio da inovação. E a criatividade está principalmente no lado emocional. Por isso, não dá mais para contar apenas com o lado racional dos empregados. Precisamos que todos, sem exceção, vão inteiros para o trabalho.

Pausadamente, ele repetiu a última ideia, olhando-me fundo nos olhos:

— A principal ponte que o líder precisa construir é dentro dele mesmo, conectando seu racional com seu emocional. Seu cérebro com sua paixão. Seu intelecto com sua intuição.

De forma cerimoniosa, como determina a cultura japonesa, trocamos cartões de visita com nosso amável e sábio vizinho de poltrona que se preparava para o desembarque em Los Angeles. Aproveitamos o próximo trecho da viagem até Tóquio para dormir o máximo possível.

Acordamos quando o piloto comunicou o início dos procedimentos para aterrissar no Aeroporto de Narita, onde os relógios marcavam 15h50. Sentíamos o cansaço natural daquela longa viagem de 24 horas iniciada em Guarulhos; evidentemente já eram os primeiros efeitos do fuso horário. Mas eu estava animado com o que via da janela do avião, os arranha-céus construídos em verdadeiras ilhas artificiais na Baía de Tóquio.

O motorista de táxi que nos levou do aeroporto ao Shinagawa Prince Hotel usava um par de luvas brancas e mantinha a limpeza do seu automóvel impecável. Ficamos impressionados com sua amabilidade.

Chegamos ao hotel exaustos e nos atiramos na cama para descansar um pouco. Quando acordamos, eram quase 4h da manhã. Não conseguíamos dormir mais. A diferença de fuso horário de 12 horas entre São Paulo e Tóquio se fazia sentir. Minha esposa ligou a televisão. Não adiantou nada, pois não entendíamos uma palavra.

SEJA O LÍDER QUE O MOMENTO EXIGE | 81

Liguei para a recepção para pedir um jornal ocidental. Fiz algumas perguntas sobre a cidade e a atendente indagou se já ouvíramos falar do mercado de peixe que ficava próximo dali. Informou que 2 mil pescadores em média chegam bem cedo com os barcos carregados e começam a fazer um leilão de 450 tipos de frutos do mar para cerca de 15 mil donos de restaurantes. Disse que poderia arranjar um táxi com motorista bilíngue para nos levar até lá. Menos de uma hora depois, já estávamos no Tsukiji, o mercado de peixe de Tóquio.

Eu já conhecia a famosa Bolsa de Valores de Wall Street, na cidade de Nova York, mas nunca tinha visto uma atividade tão intensa como naquele mercado de peixe. Um frenético movimento de montagem de barracas e desembarque de pescados frescos, uma gritaria de compra e venda... Era um verdadeiro leilão! Uma festa para os olhos, os ouvidos e o olfato.

Vimos, ainda, um pequeno santuário, o Namiyoke Inari Jinja ("raposa que repele ondas"), onde pescadores e comerciantes rezam pedindo proteção e prosperidade.

Bastante animados, fomos tomar um chá no balcão de um pequeno bar que tinha uma tabuleta onde se lia "Speak English". A dona sabia falar o básico no idioma inglês, que aprendeu quando trabalhava em um hotel perto do Jardim Imperial. Muito simpática, conversava mais com minha esposa, dirigindo-se quase unicamente a ela.

Pedimos o chá, que ela nos serviu sorrindo. Eu disse que estava muito feliz com o que havia visto no mercado de peixe. A mulher sorriu e se curvou diante de nós. E então ofereceu gratuitamente uma pequena porção de um biscoito especial, que adoramos.

— A senhora sabe como agradar os clientes! — disse. E acrescentei que tínhamos a impressão, antes de conversar com ela, de que o povo japonês era meio fechado e sem muita disposição para conversa.

— Muita gente no Japão ainda é assim. Somos muito formais e temos muitas tradições — explicou ela, citando o marido como exemplo de formalismo.

Contou-nos, então, que tinha uma filha e que estava vivendo um certo drama na família, pois a menina cursava o primeiro ano na faculdade. O sonho dela era ser engenheira eletrônica. Estudava muito, mas andava insegura, pois no Japão a competição é muito grande entre os estudantes. Precisava de boas notas para ter direito a uma bolsa de estudos que pagaria metade do curso universitário. Minha esposa disse que essa pressão existe no mundo todo, mas ela insistiu que no Japão é bem mais acirrada. Muitos jovens se desesperam e o índice de suicídio é alto entre os estudantes que fracassam.

Foi então que ela expôs seu drama familiar: o marido exigia que a filha fosse a melhor da turma. Disse que a menina estava apavorada por não conseguir tirar as notas que o pai cobrava. Mas ela pensava de forma diferente do marido. Achava que a pessoa devia procurar dar o melhor de si em cada missão, e não ficar tentando ser melhor que os outros.

— A competição deve ser consigo mesmo, tentando dar o melhor de si, e não competir com os outros! — enfatizou.

A conversa foi um pouco difícil em função do idioma, mas o básico minha esposa havia captado: uma profunda diferença de valores entre o casal sobre como educar a filha.

Ao se despedir, ela revelou que agir daquela forma espontânea com os clientes foi o modo que ela encontrou para se diferenciar da concorrência naquele mercado. Por isso tinha uma grande freguesia.

Já havia amanhecido e, apesar da chuva intensa, voltamos para o hotel felizes com aquela efervescência no Tsukiji e pelo fato de não termos visto nenhum turista por lá. Parecia uma experiência exclusiva, daquelas que só quem mora no local pode desfrutar.

No caminho, minha esposa comentou o drama da senhora japonesa:

— O problema que ela está vivendo é um dos principais desafios de um líder que inspira por seus valores — argumentou. — Não é uma questão técnica, e sim, existencial, que influencia muito o comportamento dos liderados. É a parte mais delicada e difícil da liderança. Os valores e os princípios formam um componente in- tangível, o divisor de águas que define um líder.

— Veja o caso da filha desse casal japonês — acrescentou. E fez uma breve pausa para enfatizar o que diria a seguir. — Que valor prevalecerá? Que uma pessoa deve ser a melhor entre seus pares, como pensa o pai, ou que deve dar o melhor de si sem se comparar com seus semelhantes, como acredita a mãe? São as atitudes e posturas dessa jovem que, no final, vão mostrar qual forma de pensar irá prevalecer.

Após o café da manhã, reli a lista de sugestões que o presidente da minha empresa nos enviara por e-mail no dia anterior. Ele sugeria que visitássemos a Nissan, a Sony e a Nintendo, esta situada em Kyoto, antiga capital japonesa, a apenas duas horas de distância de Tóquio, viajando de trem-bala. "São empresas de sucesso e seguramente seus líderes devem ter algo importante a dizer sobre como exercem a liderança", escreveu ele.

Passei a tarde tentando agendar visitas, telefonando, enviando e-mails, buscando contatos que me abrissem portas. Liguei inclusive para a Embaixada do Brasil, solicitando ajuda ao adido comercial. A Nissan foi mais fácil, pois a sorte havia nos aproximado daquele professor que encontramos no avião. Consegui marcar uma visita à Sony para a manhã seguinte.

No final da tarde, mais uma surpresa: conhecemos Ripongi, o bairro da moda, das grifes de alto luxo, com lojas mais sofisticadas que os conhecidos endereços parisienses. Estávamos admirados com as diferenças culturais que percebíamos nas ruas, os luminosos, a elegância, os outdoors com fotos de famosas modelos internacionais. Entramos em uma loja de produtos de maquiagem e ficamos intrigados com as fotos das modelos, quase todas mulheres ocidentais.

Na manhã seguinte começava a parte mais instigante daquela viagem: uma reunião para conversar com algumas pessoas da época de Akio Morita, o lendário fundador e presidente da empresa. Peguei o metrô na estação Shinagawa, em frente ao hotel, e saltei em Shinjuku, a estação mais movimentada do mundo, por onde passam pelo menos 2 milhões de passageiros por dia.

Na porta de entrada do local da reunião já estava à minha espera uma senhora que me acompanhou até a sala onde seria realizado o encontro inicial. Logo foi servido um saboroso chá, em uma porcelana delicada e lindíssima que desviou por alguns segundos minha atenção. O chá foi permeado por muitos sorrisos discretos e uma elevada dose de formalidade. Ouvi diversas perguntas sobre minha empresa e minha família — tinha optado por ir sozinho, levando em conta o costume de que no Japão os maridos não levam suas mulheres aos encontros de negócios. Até que finalmente começamos a conversar sobre o motivo de minha visita: liderança.

As conversas relembravam o que Morita revelou em seu livro autobiográfico. No pós-guerra, quando era um jovem homem de negócios, ex-fabricante de panelas para cozinhar arroz, visitou o Ocidente e ficou profundamente humilhado ao perceber que *made in Japan* era um termo pejorativo internacionalmente empregado para produtos mal-acabados.

Anos mais tarde, ele ajudou a fundar a empresa que deu ao mundo rádios transistorizados em massa, os aparelhos Trinitron de televisão, os videogravadores Betamax e os toca-fitas portáteis Walkman. Mais importante do que os notáveis produtos que a empresa lançou no mercado foi o fato de que Akio Morita e o seu menos conhecido sócio, mas principal fundador da Sony, Masaro Ibuka, se tornaram símbolos de uma geração japonesa guiada pela tecnologia, que transformou um país completamente devastado pela Segunda Guerra Mundial numa das principais potências industriais do mundo.

Um dos interlocutores se emocionou ao relatar os detalhes daquela tarde de 7 de maio de 1946, quando cerca de vinte pessoas se reuniram no terceiro andar do edifício destruído de uma loja de departamentos no centro de Tóquio para fundar a Tokyo Tsushin Kogyo (Empresa de Engenharia de Telecomunicações), mais tarde conhecida como Sony Corporation. A nova marca era mais fácil de ser pronunciada no mundo inteiro e se inspirava no termo latino que significa som.

O sucesso da empresa foi resultado da união da criatividade do engenheiro Ibuka com o talento de vendedor de Morita. A Sony se projetou no mercado internacional graças ao sonho e aos esforços de Akio Morita, que abandonou o futuro seguro que tinha à frente dos negócios da família, produtora de saquê havia gerações, para se arriscar num ramo em que o Japão parecia destinado ao fracasso, o da eletrônica. Foi o primeiro entre os japoneses a perceber que teria de se voltar para os Estados Unidos se quisesse crescer.

Muito do fascínio exercido por Morita se deve à maneira como ele conquistou o Ocidente. Em 1963, esse empresário japonês mudou-se com a família para um apartamento na Quinta Avenida, em Nova York, onde viveu durante um ano. Aprendeu a falar inglês e a agir como um homem de negócios ocidental.

— Se queria vender para os norte-americanos, teria que conhecer mais sobre o modo de vida deles — costumava dizer. E, analisando os costumes do país, ele desenhou os produtos que os consumidores locais nem sabiam que desejavam.

Morita foi apontado pela revista *Time* como um dos vinte maiores homens de negócios dos Estados Unidos no século XX. Foi um sonhador comprometido com a causa de transformar o Japão em uma potência exportadora e obcecada pelo perfeccionismo da tecnologia, o que acabou projetando a Sony no mundo.

Chegada a hora do almoço, convidaram-me para a refeição. Sentaram-se à mesa quatro pessoas. Cada uma contou pelo menos um fato folclórico que tinha escutado sobre as aventuras do empresário no exterior.

Um deles disse que, nas primeiras viagens ao exterior, Morita e dois ou três de sua equipe sempre ficavam no melhor hotel da cidade para impressionar seus interlocutores.

— Temos de causar boa impressão, passar a ideia de que somos homens de negócios bem-sucedidos — dizia ele. O que eles não revelavam é que todos ocupavam um único quarto do hotel, para economizar.

Outro contou que ouviu falar que, num restaurante em Amsterdã, Morita se aborreceu com um garçom que fez uma brincadeira depreciativa sobre os orientais. Dirigindo-se ao grupo no idioma japonês, profetizou:

— Ainda vamos inundar o mercado europeu de produtos Sony, e eles vão aprender a nos respeitar.

À medida que a conversa avançava, ficava claro para mim que, mais do que qualquer outra personalidade japonesa na segunda metade do século XX, Akio Morita foi o embaixador onipresente da Sony, viajando constantemente pelo mundo, promovendo seus negócios e defendendo a imagem do Japão no exterior. Outro construtor de pontes!

Uma senhora sentada à minha esquerda disse que Morita costumava reunir todo ano os novatos da empresa no escritório central em Tóquio, normalmente no mês de abril.

— Ele fazia questão absoluta de conversar com todos os jovens formandos que começavam suas carreiras na Sony. Sempre afirmava que as companhias de maior sucesso são justamente aquelas que sabem criar uma espécie de destino comum a todos, colocando lado a lado seus colaboradores, que os norte-americanos preferem chamar de mão de obra, gerentes, diretores e acionistas. Costumava ironizar, dizendo que, apesar de ser um sistema simples de gerenciamento, ele nunca vira nada igual em qualquer parte do mundo. "Nossa preocupação com o ser humano é autêntica", Morita fazia questão de frisar.

Outro interlocutor contou que, nas reuniões anuais com os novatos, o líder fazia uma cerimônia de iniciação, que se repetiu por pelo menos quarenta anos. Na ocasião, advertia que deveriam entender a diferença entre uma escola e uma empresa.

"Quando vocês vão para a escola", reproduziu ele, "pagam uma anuidade, mas agora é esta companhia que vai pagar uma anuidade a vocês". Era assim que Morita iniciava sua preleção. E, invariavelmente, encerrava dizendo: "Nós não convocamos vocês. Isso aqui não é o Exército. Vocês escolheram a Sony por vontade própria... Por isso não quero, daqui a vinte ou trinta anos, quando deixarem esta empresa, que vocês se arrependam de terem passado tanto tempo aqui. Isso seria uma tragédia para mim. Assim, o mais importante a fazer nos próximos meses é decidir se podem ou não ser felizes aqui. A felicidade só será alcançada pela ação conjunta de todos."

Ele disse ainda que um dia ouviu de Morita uma frase que nunca esqueceu: "A sabedoria não é exclusiva da direção da empresa", exclamara ele depois de relatar que uma das formas de manter contato permanente com colegas e jovens do escalão abaixo da diretoria era promovendo jantares nos quais conversavam até tarde da noite.

Certa noite, contou ele, Morita observou um rapaz que parecia incomodado com algo. O jovem disse que, antes de entrar para a Sony, achava que ali era o melhor lugar para se trabalhar. Mas que trabalhava para um chefe, o senhor fulano de tal, e não para a Sony. E que estava desapontado por ter que se reportar a um superior estúpido.

Esse comentário foi motivo de profunda reflexão para Morita, que só sossegou depois de implantar vários mecanismos que possibilitavam aos funcionários da Sony a mudança de área sempre que se sentissem incomodados. "Se você está insatisfeito com seu trabalho, tem todo o direito de encontrar uma função mais agradável em outra área da empresa." Esse virou o mantra da Sony na gestão de pessoas e no estilo de liderança implantado. Nenhum chefe queria ver seu subordinado buscando vaga em outra área... Finalmente, um dos presentes perguntou-me se eu tinha lido *Made in Japan*, escrito pelo próprio Morita. Meio sem graça, admiti que não. Ele explicou então que o livro revelava muito do seu jeito de ser. E praticamente reproduziu de memória um longo trecho, como se estivesse imitando a fala de Morita:

— "Meu companheiro Ibuka é uma pessoa com grande espírito de liderança, capaz de reunir ao seu redor gente que só quer trabalhar com ele. Na verdade, a história da Sony é a de um grupo de pessoas buscando ajudar Ibuka a realizar seus sonhos. Ele nunca acreditou nesse negócio de um só na direção, centralizando tudo. Pensando bem, não foi só sua genialidade no campo tecnológico ou sua habilidade para traçar caminhos futuros que tanto impressionaram a todos nós na empresa. Foi principalmente sua facilidade em pegar um grupo de engenheiros jovens e um tanto pretensiosos e trabalhá-los no sentido de formar uma equipe que pudesse cooperar nessa atmosfera de liberdade e interdependência."

Para finalizar, acrescentou que Morita costumava repetir que cooperação e consenso não significam acabar com a individualidade. Ao contrário, na Sony, cooperação e consenso significam obter harmonia e sinergia de indivíduos com ideias próprias.

— Assim, Morita "San" formou aqui vários líderes que continuaram a obra dele. Ele já se foi há anos, mas ainda sentimos a presença dele, de seus pensamentos e ensinamentos entre nós — afirmou ela, visivelmente emocionada, acrescentando que ele falecera vítima das sequelas de um derrame cerebral.

Foi servida uma fruta típica, a lichia, como sobremesa, seguida de um chá de efeito digestivo. Propus um brinde à memória de Akio Morita e à sua humildade. Pouco depois me despedi, agradecendo as atenções com que me privilegiaram. E, como fazem os orientais, curvei-me levemente diante de cada um. No íntimo, curvava-me perante alguns milênios de muita sabedoria.

6. O Líder Inspirador

"O Líder Inspirador é aquele que transforma ilhas de competências em um arquipélago de excelência."

Essa foi a tradução de minha mulher, em linguagem poética, dos meus pensamentos sobre o papel do líder como construtor de pontes e de sinergias.
— Belas e sábias palavras! — retruquei ao constatar que estávamos exatamente na grande ilha onde Tóquio fica situada, apenas uma entre as 3 mil que formam o arquipélago japonês.
Esperávamos um ex-colega de um curso intensivo que eu havia feito no exterior, que morava em Tóquio e trabalhava para um grande banco europeu. Eu tinha ligado para ele do hotel, na véspera, na esperança de podermos nos encontrar. Sua especialidade era negociar parcerias com as grandes *trading companies* japonesas.
Enquanto voltava de táxi para o hotel, acessei as mensagens no meu celular e vi que ele tinha

deixado uma. Liguei e marcamos um encontro num Starbucks no bairro comercial de Ginza, repleto de lojas especializadas em artesanato tradicional convivendo pacificamente com arrojadas galerias e lojas de departamentos. Ali funciona até hoje o ultramoderno Salão de Amostras Sony, onde transeuntes podem experimentar as novidades eletrônicas. Difícil mesmo foi atravessar o cruzamento Ginza Yon-Chome, um dos mais movimentados do mundo!

Após matar as saudades de meu ex-colega, relembrando situações engraçadas e atualizando informações sobre amigos em comum, ouvi dele um longo relato sobre a importância da credibilidade para fechar negócio com os japoneses. Ele enfatizou também a importância de um profundo conhecimento da pessoa com a qual se negocia.

— Por isso os japoneses são tão curiosos sobre a família e o círculo de relacionamentos da pessoa com quem estão negociando — explicou.

Falei sobre o que ouvira durante todo o dia a respeito de Akio Morita. Ele então lembrou que um jornalista norte-americano, Peter Range, em uma edição antiga da revista *Playboy*, reproduziu uma entrevista em que Morita declarava: "Não estamos invadindo. Apenas fabricamos coisas de que vocês gostam." Ao traçar o perfil de seu entrevistado, o jornalista se referiu a Morita como um típico representante de uma cultura que valoriza a sutileza e as maneiras indiretas. "Com seu jeito franco, era a ponte ideal entre o Japão e o Ocidente", definiu Range.

Perguntei, então, se meu amigo ouvira falar de outro líder que se atrevera a fazer essa ponte e mencionei o presidente da Nissan.

— Quem não conhece a saga do "quebra-gelos" no Japão? — replicou, sorrindo. Minha esposa e eu ficamos surpresos com o comentário. Depois ele fez uma comparação inusitada: — Ghosn, de certa forma, fez o caminho inverso de Morita. Um foi o japonês que encantou o Ocidente. O outro, o ocidental que encantou o Japão!

Segundo meu amigo, a revista inglesa *The Economist* descreveu Carlos Ghosn como uma síntese do mercador árabe, da energia latina, da estratégia gaulesa e da diplomacia oriental: "Um cidadão do mundo talhado para viabilizar o renascimento da Nissan com os instrumentos que aprendeu a manusear no Ocidente."

A descrição resume bem a trajetória do executivo descendente de libaneses, nascido no Brasil e criado como cidadão francês. Ele promoveu reviravoltas nas operações da Michelin nos Estados Unidos, depois de passar pela empresa no Brasil, e salvou a Renault da bancarrota. Mas nada se compara ao que fez na Nissan.

Ghosn ganhou o apelido "quebra-gelos" nos meios empresariais graças à sua capacidade de reinventar as regras do jogo das práticas comerciais vigentes no país.

No início, teve de conquistar a confiança dos japoneses tradicionalistas. Procurou se relacionar com clientes, distribuidores, formadores de opinião e, inclusive, com a influente Japan Auto Parts Automotive Association. Os resultados de suas ações não demoraram a aparecer. Em dois anos, a empresa saiu da beira da falência e alcançou lucros jamais registrados na sua história. Estava de volta ao topo do clube das montadoras.

Eleito o melhor administrador do Japão, segundo pesquisa elaborada pelo jornal de economia *Nihon Keixai*

Shimbun, Ghosn deixou outras lições: simplicidade, responsabilidade e transparência são as marcas registradas do ocidental que conquistou o Japão.

"Não há nada pior do que soluções pré-fabricadas." — Essa era a justificativa usada por Ghosn para ignorar estereótipos na hora de tomar decisões — lembrou meu amigo. E arriscou um prognóstico sobre o futuro da Nissan: — Resta saber como ele superará os desafios da empresa no futuro. Quando a crise na economia mundial for equacionada, ele encontrará a glória total ou o cemitério da sua reputação. Esse é o limbo eterno dos líderes: o sucesso do passado não garante o sucesso no futuro!

Eu pensava nestas últimas palavras — "o limbo eterno dos líderes" — quando peguei o metrô de volta ao hotel.

À noite, enquanto degustávamos um sashimi de salmão, relatei, bastante animado, as experiências que tivera na Sony. Minha esposa me ouviu atentamente. Desculpei-me por não tê-la levado comigo. Ela me informou que seu dia também tinha sido bastante produtivo. Visitara o Museu Metropolitano de Arte de Tóquio, um moderno prédio de tijolos vermelhos que abriga uma grande coleção de arte contemporânea japonesa. Gostou muito do que viu. Na hora do almoço, sentou-se para ler um pequeno livro em inglês comprado no subsolo do museu e que contava um pouco da história do Japão.

Ela me disse que o país passara por várias transformações antes dessa última, que presenciamos. A maior delas aconteceu na metade do século XIX, sob o comando de um grande líder, o imperador Meiji (1868-1912), quando nações ocidentais, ansiosas para fazerem comércio com o Japão, forçaram o país a abrir suas fronteiras.

Naquele período, o Japão iniciou um programa intenso de modernização e industrialização e também de expansão colonial em direção à Coreia, à China e a outras partes da Ásia. Em trinta anos, conseguiu superar o atraso militar e tecnológico e romper um isolamento de seis séculos, de tal modo que, no começo dos anos 1900, já ocupava um lugar de destaque entre as nações.

O mais interessante é que o país não tinha recursos naturais além da seda e do carvão. Não havia telégrafo, ferrovias, sistema postal, jornal, instituições públicas, como bancos, muito menos maquinário ou fábricas. Era como se ainda se vivesse na época medieval. O único recurso disponível era o alto nível de educação de seu povo, para uma nação ainda na fase pré-industrial.

Os estrangeiros que investiram na "Ilha do Sol Nascente" levaram tecnologia. E o país se desenvolveu com a concentração da economia em grandes conglomerados, conhecidos como *zaibatsus*, liderados por famílias tradicionais. Alguns *zaibatsus* existem até hoje, como o grupo Mitsui, a Mitsubishi e a Sumitomo.

Então veio a Segunda Guerra Mundial e o Japão entrou nela do lado do Eixo, alinhado com a Alemanha e a Itália. Derrotado, foi ocupado militarmente pelos Estados Unidos entre 1945 e 1952. Nos anos seguintes, viveu uma época mais de renascimento que de arrancada, como se costuma dizer. Afinal, o país já tinha uma base sólida. O período de maior crescimento, conhecido como revolução tecnológica, teve início em 1965 e se estendeu pela década de 1970, quando o PIB cresceu cerca de 12% ao ano. Foi a segunda grande virada da nação. O que possibilitou essa fabulosa evolução foi uma alta taxa de poupança interna (as pessoas e o país não se endividam como no Ocidente), um grande investimento em tecnologia e um alto nível de educação.

As empresas japonesas importaram tecnologia e a adaptaram às suas necessidades, criando produtos diferenciados. Depois ofereceram suas soluções para o mercado internacional. Automóveis e eletrônicos japoneses começaram a invadir o mundo. As exportações de empresas como a Sony cresceram vertiginosamente. Cogitou-se, inclusive, que o Japão poderia superar os Estados Unidos como potência econômica.

Mas, em 1990, a Bolsa de Valores de Tóquio despencou. A consequente estagnação econômica fechou fábricas, paralisou obras e pôs na rua milhares de desempregados. O Japão, como o mito da Fênix, tem demonstrado a capacidade de renascer das cinzas em vários momentos de sua história. Ainda conserva a posição de segunda maior economia do mundo, em parte graças à sua fortíssima poupança interna.

A aula de história de minha esposa fechou com chave de ouro aquele dia intenso.

Na manhã seguinte, pegamos o *shinkansen*, o famoso trem-bala japonês, para irmos até Kyoto, visitar a Nintendo. A viagem foi bastante confortável, com direito a uma paisagem de cartão-postal. À direita do trem, avistávamos pela janela o majestoso monte Fuji.

A antiga capital imperial — que perdeu o status para Tóquio em 1868 — encanta o visitante por suas ruas pequenas, sua arquitetura milenar e seus belos jardins e monumentos.

Pedimos ao taxista que nos levasse diretamente à Nintendo. Enquanto buscávamos o saguão de entrada no prédio, soubemos que o principal designer da empresa, Shigeru Miyamoto, andava de bicicleta. Ficamos impressionados com aquele jovem que desenvolve maravilhas eletrônicas de última geração e vai para o trabalho de bicicleta todos os dias.

— Esse cara é o criador de uma inigualável coleção de sucessos, como os jogos Super Mario, Donkey Kong, Zelda e vários outros! — disse para a minha esposa.

— E anda de bicicleta?! — exclamou ela, surpresa.

Soubemos pelo porteiro do prédio que, nas horas vagas, Shigeru se dedica a atividades corriqueiras, como passear com seu cachorro e ficar em casa cuidando do jardim.

O Japão é realmente um lugar onde a tradição e a modernidade são indissociáveis. E Kyoto consegue compatibilizar o milenar com o que há de mais moderno em tecnologia.

Fomos almoçar em um restaurante bastante tradicional e conhecemos uma jovem senhora que conhecia bem a Nintendo e nos contou um pouco da história do sucesso da empresa.

Ela também falou sobre Shigeru Miyamoto, que ingressara na empresa havia algumas décadas, quando a Nintendo começava a dar os primeiros passos no mundo dos jogos eletrônicos.

Os videogames haviam se tornado uma febre nos Estados Unidos. A Nintendo resolveu abrir uma filial lá e comprou 3 mil desses aparelhos. O negócio não decolou, e Shigeru foi convidado para desenvolver um jogo capaz de salvar as vendas. Criou o Donkey Kong, grande sucesso que conseguiu desencalhar os aparelhos. Suas sucessivas criações não só foram bem-aceitas como deram nova dimensão ao universo dos games.

Shigeru acumula os cargos de diretor-sênior e gerente-geral de desenvolvimento e análise de entretenimento da Nintendo. Hierarquicamente, está abaixo apenas do presidente.

A chave do sucesso? "Tenho total liberdade para elaborar coisas novas e levar minhas ideias de diversão para as pessoas", respondeu ele em recente entrevista a uma revista.

Essas foram as únicas informações que levantamos. Não conseguimos falar diretamente com nenhum dos funcionários da empresa. Mas estava claro para nós que a cultura organizacional lá vigente era um forte fator para liberar a energia e a criatividade de seus líderes, como Shigeru, e colocar a empresa no pódio do negócio de entretenimento no mundo inteiro.

Ao nos despedirmos, admitimos que pretendíamos fazer um percurso turístico, pois tínhamos cerca de três horas até pegarmos o trem de volta a Tóquio. Muito atenciosa, aquela jovem senhora sugeriu um roteiro turístico para aquele breve espaço de tempo de que dispúnhamos.

Primeiro, fomos ao impressionante Pavilhão Dourado, construído pelo terceiro xogum Ashikaga, que, aos 37 anos, abriu mão de seus deveres oficiais para se dedicar ao sacerdócio zen.

Depois, fomos ao Castelo Nijo, conhecido pelos aposentos ornados e pelo piso rouxinol, construído de forma a reproduzir o som do pássaro quando alguém põe os pés nele — um aviso sobre possíveis intrusos. O castelo foi erguido pelo xogunato Tokugawa, em 1543, como símbolo de poder e riqueza. Foi interessante o mergulho num ambiente onde viveu um xogum, espécie de senhor feudal e grande líder da época.

O longo período do xogunato durou até 1868, produzindo um duplo isolamento: o feudalismo interno criou ilhas de influência que minaram o poder imperial, e o distanciamento do Japão do resto do mundo afastou o país do promissor comércio internacional. Kyoto foi a capital oficial durante os três séculos do xogunato Tokugawa.

Comerciantes e samurais patrocinaram a cidade de Edo (que veio a se chamar Tóquio, ou Tokyo, que curiosamente contém as mesmas letras de Kyoto). Foram eles os responsáveis pela restauração do poder imperial e pelo processo de reorganização do país em 1868. Tóquio se tornou a capital no início da era Meiji. O ponto que mais nos tocou foi o Jardim Daisen-in, uma área coberta de cascalho branco com uma pequena árvore, semelhante àquela sob a qual Buda recebeu a Iluminação. Quando eu ia dizer que Buda era japonês, minha mulher me cutucou, salvando-me de um grande constrangimento. Lembrou-me que o budismo surgiu na Índia e, além da China, propagou-se também no Japão, onde teve influência sobre a religião nacional, o xintoísmo.

Finalmente, percorremos a pé, e de mãos dadas, um dos lugares mais apreciados de Kyoto, o Caminho do Filósofo, uma sinuosa estrada de barro, com cerca de 3 quilômetros de extensão, ladeada de cerejeiras. O cenário era deslumbrante, tamanha sua beleza natural. O caminho foi assim batizado em homenagem a um professor de filosofia da Universidade de Kyoto.

Minha esposa deu uma rápida olhada no relógio e alertou:

— Se pretendemos dormir em Tóquio, é hora de corrermos para a estação. O último trem sai em 25 minutos!

Durante toda a visita a Kyoto, uma dúvida ficou rondando minha cabeça. Seria Shigeru Miyamoto uma espécie de Walt Disney da era dos videogames? Resolvi dividir meus pensamentos com a minha mulher. Para mim, Disney foi um gênio, não apenas por ter criado personagens famosos como o Pato Donald e Mickey Mouse e ter feito o primeiro desenho animado de longa-metragem, *A Branca de Neve e os sete anões*. Ele foi um gênio porque deu origem a uma máquina, montou uma empresa e uma equipe que, mesmo após sua morte, continuou dando vida a personagens famosos.

— O gênio do passado saía de dentro de uma lâmpada. O gênio do futuro cria condições para que a genialidade dos outros apareça — concluí.

Minha esposa não estava certa disso. Mas me consolou:

— O mais importante você acaba de formular. O líder do passado era o sabe-tudo, o centralizador, o cacique, como diz o presidente da empresa onde você trabalha. O líder do amanhã, ou seja, o Líder Inspirador, como você gosta de chamar, é aquele capaz de criar condições para a liderança dos outros se revelar.

No dia seguinte, acordamos um pouco mais tarde. Era sexta-feira e, como havia combinado, enviei o e-mail para o presidente com cópia para os outros diretores, anexando mais uma vez este meu relato e minhas impressões sobre os líderes que havia conhecido na viagem ao Japão.

O presidente foi um pouco lacônico e respondeu apenas: "Faça como Morita. Descubra a América!"

E avisou que no domingo minha mulher e eu partiríamos para Washington, D.C. A empresa já tinha dado entrada no pedido de visto e deveríamos ir naquela tarde ao consulado norte-americano em Tóquio para finalizar os procedimentos.

Confesso que me enganei sobre nosso próximo destino. Imaginava que o presidente da empresa onde trabalho me enviaria para a China. Minha esposa apostava que iríamos para a Índia. Afinal, como ela disse:

— Não se pode pesquisar sobre liderança sem visitar a terra de Gandhi.

Meio frustrados com aquela notícia, decidimos passar o resto da manhã no Parque Ueno, onde visitamos o zoológico que abriga dois preguiçosos pandas.

No sábado, conhecemos vários templos, entre os quais o Santuário Tosho-gu e o Grande Pagode Budista.

Comecei a entender por que o Japão já foi chamado de laboratório religioso. Surgiram ali inúmeras novas seitas e comunidades religiosas, com raízes no xintoísmo, no budismo e no cristianismo. Várias crenças não só coexistem como também influenciam umas às outras. Não é raro alguém seguir diversas religiões ou tirar inspiração de muitas delas.

Por que, então, quando se trata de administração e negócios, as pessoas pensam de forma compartimentada? Por que os seguidores de uma teoria sobre liderança ignoram aspectos sábios de outras teorias? Por que somos tão dogmáticos em certos aspectos da vida?

Por que continuamos rotulando algumas pessoas como tendo determinado estilo de liderança e só as vemos por esse lado? Fulano é autocrático! Beltrano é democrático! Às vezes selamos o destino de alguém em função de nossa percepção de qual seja seu estilo: aquele gerente é do Quadrante I e precisa ser do Quadrante IV.

Akio Morita, por exemplo: qual o estilo de liderança dele? E o de Carlos Ghosn?

Será que é mesmo importante definir o estilo de liderança de uma pessoa e tentar forçá-la a ser o que não é?

Todas essas perguntas ecoavam na minha cabeça. A elas veio se juntar uma ideia. Refiro-me ao futuro do Japão e ao tipo de liderança que o país terá de desenvolver para superar o desafio da provável queda de sua posição no ranking das economias mundiais em 2050 — possivelmente em desvantagem na competição com China, Estados Unidos e Índia.

Percebi que o Japão pode ser o número um em outro tipo de campeonato global: líder em soluções para problemas críticos do futuro nas áreas de energia, ecologia e agricultura. E também na cultura de massa e no design.

— Mais uma vez, o Japão renascerá das cinzas — afirmei para minha mulher.

Decidimos relaxar um pouco e, ao regressar ao hotel, pedi ao serviço de quarto um combinado de sushi com sashimi acompanhado de chá-verde gelado.

No dia seguinte, cedo, iríamos "descobrir a América". Partiríamos em um voo direto, sem escalas, da Japan Airlines, rumo a Washington, D.C., a bela capital dos Estados Unidos.

7. Construa um Propósito, trabalhe por uma Causa

"Até o fim desta década colocaremos o homem na Lua... E o traremos vivo de volta!"

Estávamos observando a evolução dos diversos modelos de aeronaves espaciais no Museu do Ar e do Espaço em Washington, D.C., quando ouvimos essa gravação com a voz do ex-presidente John Kennedy, durante um discurso proferido em 1961, na Universidade Rice, na cidade de Houston, no Texas.

A frase marcante é o símbolo da causa que mobilizou não apenas a comunidade científica da época, mas toda a sociedade norte-americana para a corrida espacial. Os soviéticos haviam colocado o Sputnik no espaço no ano anterior, e Kennedy tentava comprometer os Estados Unidos com o Projeto Apollo, que levaria o homem à Lua.

Lembro-me de como o mundo parou oito anos depois, em junho de 1969, para ver se tornar realidade, em imagens em preto e branco de baixa definição transmitidas pela televisão, o sonho enunciado pelo ex-presidente norte-americano que havia sido assassinado em Dallas, em 1963: os passos de um ser humano caminhando, como se estivesse em câmara lenta, na Lua! Um feito que para alguns parece inacreditável até hoje.

— Kennedy conseguiu oferecer com clareza uma causa para seu país e realizar quase tudo o que prometeu — comentou minha esposa, grande admiradora do clã, o mais famoso da política norte-americana. — Ele formou uma equipe extraordinária, considerada uma das melhores que um líder do país já reuniu para governar. Cultivou vários líderes do quilate do seu irmão Bob, seu braço direito, de outro Robert, o McNamara, que foi seu secretário de Defesa, e de Dean Rusk, seu secretário de Estado.

A voz da minha esposa deixava transparecer uma considerável carga de emoção quando acrescentou que John Kennedy não foi um líder apenas em seu país, mas exerceu uma enorme influência em todo o mundo. E o principal: inspirava os outros pelos valores com os quais procurou estimular toda uma geração, mas cuja defesa custou-lhe a vida.

Não podia discordar dessa análise, mas sempre achei que o ex-presidente se beneficiou de uma imagem esculpida pelos marqueteiros políticos.

Kennedy venceu Richard Nixon, seu oponente do Partido Republicano na disputa pela presidência dos Estados Unidos, por uma pequena margem de votos: apenas 70 mil. A vitória foi atribuída à sua desenvoltura e simpatia no primeiro debate televisivo entre candidatos presidenciais da história, que ocorrera três dias antes da eleição.

Minha esposa lembrou que, uma vez eleito, Kennedy demonstrou grande capacidade de liderar e de tomar decisões durante a crise dos mísseis soviéticos em Cuba, que por pouco não foi o estopim de uma guerra nuclear, em 1962, que teria consequências catastróficas para a humanidade.

— Seu adversário, o irascível premier soviético Nikita Kruschev, deu-lhe a chance de exercitar todo o seu charme — comentou ela. — Enfrentou forte oposição no Congresso para realizar seus planos, além de uma grave crise social no sul do país, quando precisou enviar tropas para proteger os direitos civis da população negra.

Concluída a descrição das façanhas de JFK, minha esposa concordou comigo em um ponto:

— Você tem razão, nenhum líder é perfeito. — E emendou: — Mas Kennedy tinha convicções, lutou por elas e fez acontecer.

Assenti com a cabeça e fui logo mostrando a ela o original da nave espacial Apollo, para não estender a conversa.

Era domingo e tínhamos muito o que conhecer na capital norte-americana. O voo que nos levara de Tóquio havia nos proporcionado um significativo ganho no fuso horário — chegamos a Washington quase na mesma hora em que saímos do Japão. Estávamos fazendo o clássico périplo turístico pela cidade: a Casa Branca, o Capitólio, onde fica o Congresso, sua famosa biblioteca um pouco adiante, o conjunto de museus da Smithsonian Institution, do qual faz parte o Museu do Ar e do Espaço.

Saímos dali, pegamos um táxi e fomos passear pelo badalado bairro de Georgetown, onde se localizam as lojas mais modernas, instaladas em construções do século

XIX. Vimos também imponentes mansões ao longo da Massachusetts Avenue, sedes de embaixadas de diversos países. Monumentos históricos desfilavam pelas janelas do carro.

— Esta cidade é um verdadeiro museu. Em cada esquina, um monumento, um pedaço de história — observou minha esposa.

Paramos no cais do rio Potomac. Pretendíamos fazer o tradicional passeio de barco pelo rio, de onde se pode avistar a maioria dos monumentos históricos. Compramos limonada gelada em uma pequena barraca para nos refrescar, devido ao forte e úmido calor daquela tarde ensolarada.

Conversávamos animadamente durante o trajeto, tirando fotos da bela paisagem, quando surgiu à nossa frente o complexo de prédios residenciais e comerciais conhecido como Watergate, palco do escândalo que tirou Richard Nixon da presidência em 1974. Ficamos em silêncio diante do que virou o símbolo da derrocada de um líder. Recordei-me, então, da história contada por meu pai, que acompanhou atentamente todo aquele processo, conhecido como escândalo Watergate.

O californiano Richard Nixon iniciou sua trajetória como aluno brilhante da Faculdade de Direito da Universidade Duke. Na Segunda Guerra Mundial, serviu como capitão de corveta no Pacífico. Quando deixou a vida militar, entrou para a política. Foi eleito para o Congresso por seu distrito na Califórnia. Em 1950, conquistou uma cadeira no Senado. Indicado para disputar a presidência pelo Partido Republicano por aclamação em 1960, foi derrotado por Kennedy. Oito anos depois, venceu a corrida presidencial.

SEJA O LÍDER QUE O MOMENTO EXIGE | 107

Durante seu mandato, Nixon colecionou vários sucessos. Um dos mais importantes foi colocar fim à Guerra do Vietnã, em 1973. Embora o conflito tivesse começado no governo anterior ao seu, o confronto se intensificara durante sua passagem pela Casa Branca, custando 52 mil vidas norte-americanas e causando muito mais mortes e destruição no Sudeste Asiático.

Nixon decretou o fim do recrutamento militar. Promoveu uma nova divisão da receita gerada pelos tributos, aprovou novas leis anticrime e um amplo programa ambiental.

Um dos eventos mais marcantes de seu primeiro mandato ocorreu em 1969, quando astronautas norte-americanos realizaram o primeiro pouso na Lua, cumprindo a promessa feita em 1961 por seu arquirrival, John Kennedy.

Nixon também construiu uma nova era nas relações com a China e, sobretudo, com a União Soviética. Seus encontros com o líder russo Leonid Brejnev produziram um tratado para limitação das armas nucleares. E o secretário de Estado do seu governo, Henry Kissinger, ainda negociou importantes acordos entre Israel e dois inimigos, Egito e Síria, em 1974.

Apesar dessas realizações, Richard Nixon é considerado por muitos historiadores um dos piores presidentes dos Estados Unidos. Poucos meses após vencer as eleições presidenciais que lhe garantiram o segundo mandato, viu-se envolvido em um escândalo: cinco membros do comitê para a reeleição do presidente promoveram a invasão dos escritórios do Comitê Nacional do Partido Democrata, sediado no famoso edifício Watergate. Instalaram aparelhos de escuta e acompanhavam tudo o que se passava na sede do partido adversário de um posto montado em um quarto do hotel, do outro lado da rua.

Na madrugada de 17 de junho de 1972, cinco meses antes das eleições presidenciais, os invasores foram presos fotografando documentos e checando aparelhos de escuta. Mesmo assim, Nixon conseguiu ser reeleito.

Dois repórteres do jornal *Washington Post*, Carl Bernstein e Bob Woodward, prosseguiram as investigações e encontraram evidências da participação do presidente, o que levou o Congresso a abrir um processo para afastá-lo do cargo.

Nixon negou qualquer envolvimento pessoal, mas os tribunais o forçaram a entregar as gravações que comprovavam sua tentativa de desviar a investigação. Em 8 de agosto de 1974, Nixon foi forçado a renunciar ao cargo de primeiro mandatário da maior potência capitalista do mundo.

A ação penal terminou com a condenação dos sete funcionários mais importantes do governo, entre eles o secretário de Justiça, John N. Mitchell, o chefe da Casa Civil, H. R. Haldeman, e o assessor de Nixon, John D. Ehrlichman.

O fiasco do presidente dos Estados Unidos é o exemplo mais conhecido de tragédia de um líder competente, com muitas realizações e uma brilhante carreira, que fracassou por causa de seus valores. Seu caso me faz lembrar de empresas como as norte-americanas Enron e Wellcom. Pareciam sólidas e poderosas, mas foram levadas à falência e tiveram que sair de cena em decorrência de atitudes e posturas de seus líderes, que as envolveram em práticas condenáveis. Vários líderes e pessoas brasileiras acabaram, nos últimos anos, se envolvendo em situação semelhante.

A Enron era uma gigante norte-americana do setor de energia que pediu concordata em dezembro de 2001, após ter sido alvo de uma série de denúncias de fraudes contábeis e fiscais. Na queda, arrastou consigo uma das maiores empresas de contabilidade do mundo, a Arthur Andersen, responsável por sua auditoria.

— Quebrar a confiança dos liderados não é, contudo, a única forma de o líder perder sua eficácia — comentei com minha esposa.

Resolvemos então listar os fatores que podem levar um líder a "pisar na bola": afastar-se de sua equipe e minar sua autoridade; dizer uma coisa e fazer outra; utilizar dois pesos e duas medidas; não dar feedback orientador; não reconhecer o mérito de membros de sua equipe. E, principalmente, cometer deslizes éticos.

Terminado o passeio de barco, tomamos mais uma limonada e retornamos ao Hotel Mayflower, que fica na Praça Lafayette, do lado oposto à Casa Branca.

Exaustos, dormimos até a hora do almoço do dia seguinte.

Pedimos uma salada e um suco no quarto do hotel e fomos para o Congresso. Pretendíamos assistir a uma sessão da Câmara de Deputados ou do Senado. Estávamos fascinados com as diversas formas de exercício do poder, principal combustível e assunto das conversas naquela cidade.

Resolvemos voltar andando para o hotel e desfrutar aquele lindo fim de tarde do início do outono. O vento cumpria sua rotina de fazer cair das árvores incontáveis folhas em diversas tonalidades — marrom, amarela, avermelhada. O sol insistia em nos lembrar o verão que findara havia três semanas.

Descemos a Pennsylvania Avenue, deixando para trás o Capitólio. Paramos no Old Ebbit Grill, perto do Departamento do Tesouro, para degustar aquele que é apontado como o hambúrguer mais bem-preparado do país.

Passamos em frente à Casa Branca, onde turistas se amontoavam, e em seguida ficamos observando o cinzento prédio anexo, onde funciona o Conselho de Segurança Nacional, um dos palcos das decisões estratégicas sobre a geopolítica do mundo.

Tínhamos um jantar às 19h com um antigo vizinho de rua do Brasil, que agora lecionava em uma das universidades sediadas na capital norte-americana. Ele fora para o encontro acompanhado de um amigo hispano-americano, o segmento populacional que mais cresce naquele país.

Pediu desculpas por ter levado o amigo sem avisar, explicou que ele o havia procurado, aflito, no final da tarde. Sua filha enfrentava um sério problema na escola, e a situação estava se convertendo em um delicado drama familiar.

Fernando Avillez contou, então, que jantava com a família — Alicia, sua mulher, seu enteado de 17 anos, Ramiro, e Luzia, a única filha do casal, de apenas 6 anos — quando ouviu da menina a seguinte frase, que o deixou perplexo:

— Papai, estrangeiro não é bom!

Desconcertado, ele perguntou onde ela ouvira tal coisa. A menina respondeu que havia sido na escola. A professora dela dissera aquilo na classe.

— Você tem certeza, minha filha, que foi a professora quem afirmou isso? — quis saber o pai.

A menina confirmou. Então ele teve que explicar para ela:

— Papai é estrangeiro, minha filha. Assim como sua mãe e seu irmão.

Contou à menina que eles eram uma família de imigrantes. Seu pai, sua mãe e seu irmão haviam nascido na América Central, e ela, por acaso, nascera nos Estados Unidos. Mas tinha dupla cidadania, o que de certa forma a tornava um pouco estrangeira também. E concluiu afirmando que a professora tinha dito uma bobagem muito grande.

Fernando estava no meio de suas explicações quando Ramiro, o enteado, o interrompeu:

— Amanhã todos nós vamos levar Luzia até a escola e exigir da professora que desminta o que disse na frente de toda a classe.

— Você está louco! — retrucou a mãe. — Somos minoria neste país e podemos ser perseguidos se enfrentarmos uma professora norte-americana. Podem até tirar nossa filha da escola.

— Mãe, se vocês não forem, eu vou — decretou o adolescente. — Temos direitos aqui e não vou permitir que uma professora preconceituosa saia por aí dizendo uma estupidez dessas.

Fernando contou que, depois de muita discussão, ele e a mulher esgotaram todos os argumentos. Mesmo assim, Ramiro insistia em ir à escola para exigir uma retratação pública da professora.

Na manhã seguinte, a família foi levar Luzia até a escola. Estavam todos muito nervosos, exceto Ramiro, que se mostrava firme e decidido. Ele explicou o problema à diretora da escola, que ficou visivelmente perturbada. Quis defender a professora, dizendo que não deveriam dar tanto crédito a uma menina de 6 anos. Ela devia ter se confundido, afinal a escola aceitava estrangeiros e os tratava como se fossem norte-americanos.

Ramiro interrompeu as explicações da diretora, dizendo:

— Senhora, vamos deixar de hipocrisias. Chame, por favor, a professora. Queremos ouvi-la negar o fato. Se for preciso, iremos à sala de aula perguntar a todos os alunos se ela falou mal de estrangeiros ou não. E, se a senhora não fizer isso, iremos até a Justiça registrar uma queixa contra a escola. Um advogado do distrito nos representará nesse caso.

Sem alternativa, a diretora convocou a professora, que entrou na sala bastante transtornada. Quando perguntaram a ela sobre o ocorrido, tentou dissimular suas respostas.

Mas, diante da insistência de Ramiro, ela acabou admitindo a verdade com lágrimas nos olhos. Embora não tivesse intenção de ofender ninguém, tinha dito que nem sempre estrangeiros são bons cidadãos.

Então, Ramiro enfatizou que esse tipo de discriminação é crime nos Estados Unidos e que ela só teria uma saída para evitar uma ação judicial: pedir desculpas na sala, na frente de todos os alunos e com a presença da família.

Ela prometeu fazer isso na segunda-feira, no dia seguinte ao nosso encontro em Washington. Fernando tinha ido consultar o amigo, meu ex-colega e agora advogado em um escritório local, para saber se deveria levar o caso adiante.

— Claro que sim — respondemos todos.

— Além de lutar pelos seus direitos, Ramiro está se comportando como um jovem líder — observei. — Conseguiu convencer a família a tomar uma atitude, convenceu a diretora, a professora e, se necessário, convencerá as autoridades municipais a punirem a escola.

— O exemplo de Ramiro deve ser muito valorizado pela sua família — concordou minha esposa. — Será uma bela lição para Luzia.

— Os líderes competentes — arrisquei dizer — educam pelo exemplo, não apenas pelo discurso. Educam pelos olhos, e não pelos ouvidos.

Fizemos um brinde àquele jovem líder, Ramiro, e ao exemplo que ele dera aos adultos.

A forma como o jovem administrou o incidente nos estimulou a discutir um pouco mais a essência da liderança. Ramiro demonstrava ser um líder competente, uma vez que seguia as regras estabelecidas. Mas existem líderes que definem as regras, lembrou o professor, meu amigo. Contou-me que havia assistido a uma palestra sobre um dos grandes dilemas do líder, que é exatamente decidir de que tipo será: o que segue as regras do jogo ou o que estabelece as regras do jogo.

A palestra foi proferida por Howard Putnam, ex-presidente da Southwest Airlines, um exemplo de líder que estabeleceu novas regras na aviação e reinventou seu negócio, diferenciando-se não só na capacidade de oferecer valor aos seus clientes, como também na gestão de pessoas.

Putnam começou como carregador de malas em outra companhia aérea, a Capital Airlines. Fez carreira em uma terceira empresa de aviação comercial, a United, como vice-presidente de marketing, até finalmente assumir a presidência da Southwest Airlines, considerada uma das empresas aéreas mais bem-sucedidas do mundo, que segue o famoso modelo *low cost, low fare* (baixo custo e baixa tarifa): sem oferecer refeições a bordo, sem reservas de assentos, mas garantindo alto padrão nos itens pontualidade, limpeza e diversão, no atendimento em terra e no ar.

Nosso amigo relacionou outros líderes e empresas que se notabilizaram por mudar as regras do jogo: Michael Dell, que reinventou a forma de vender computadores na Dell Computers; a vendedora de café no varejo Starbucks; a ESPN, canal de TV especializado em transmissões esportivas; a Amazon.com, que inaugurou a venda de livros on-line.

Após o jantar, eles nos levaram até o hotel. Na despedida, desejamos sucesso a Ramiro e Fernando na escola da filha dele.

Estava refletindo sobre os acontecimentos do dia anterior quando o táxi estacionou diante da Union Station. Ficamos impressionados com a beleza da arquitetura daquela estação de trem de Washington, inaugurada em 1907 para ser um grande portão de entrada para a capital dos Estados Unidos. Na época, era a maior estação de trem do mundo. Soubemos que possui vários salões de festas e que um dos bailes de posse dos presidentes norte-americanos tradicionalmente é realizado ali.

Fomos até o guichê e compramos passagens para Nova York.

8. Forme outros líderes

"Líderes se formam, não nascem feitos."

Com essa frase polêmica, que dividiu opiniões, o ex-prefeito de Nova York, Rudolph Giuliani, havia iniciado, meses antes, uma palestra em uma convenção realizada em um hotel da cidade.

Não queríamos perder a oportunidade de ouvi-lo. Por isso tomamos o trem da Amtrak, três horas antes, na Union Station, em Washington, D.C., e desembarcamos na Penn Station, no centro de Manhattan, em Nova York. Na viagem bastante agradável, passamos pelas cidades de Filadélfia e Princeton e aproveitamos para ler alguns jornais e revistas gentilmente oferecidos pela atendente. Ao chegarmos, fomos diretamente para um pequeno hotel na Madison Avenue. Após deixarmos a pouca bagagem — pois só pretendíamos passar uma noite ali —, pegamos um táxi e seguimos diretamente para o chamado Marco Zero, o local onde reinavam as torres gêmeas do World Trade Center antes do ataque terrorista de 11 de setembro de 2001. Foi um choque ver aquele enorme espaço vazio!

Giuliani exerceu dois mandatos, durante os quais reduziu impostos, investiu em segurança, conseguiu baixar as taxas de criminalidade com uma arrojada política de "tolerância zero" e melhorou os serviços sociais. Sob sua gestão, as estatísticas de prosperidade da população nova-iorquina tiveram um aumento significativo.

Ao deixar o comando da Prefeitura, em dezembro de 2001, Giuliani foi considerado um dos melhores prefeitos que Nova York já teve. A *Time* o elegeu Personalidade do Ano.

O ex-prefeito gostava de falar sobre o que é ser líder e como ele ou ela deve agir em momentos de crise, como me revelou um amigo que já havia assistido a uma palestra sua para executivos em São Paulo. A autoridade de Giuliani foi legitimada pela elogiada forma como conduziu a situação logo após o atentado.

Faltando apenas três meses para o fim do seu mandato, o prefeito poderia ter se abstido da responsabilidade, por exemplo, preferindo acompanhar a crise abrigado em um local não revelado. Em vez disso, estava em toda parte, ajudando, orientando, liderando. Desconhecidos disseram ter esbarrado com um Giuliani atônito nas proximidades do Marco Zero. Até mesmo seus críticos mais severos o aplaudiram naquele dia fatídico. Com certeza, Giuliani não fez tudo sozinho. Contou com uma equipe competente.

Sua fama se prolongou, também, pelo modo como enfrentou tanto o seu câncer de próstata quanto sua polêmica separação conjugal.

Giuliani revelou uma vez que os líderes não nascem "prontos". Sua postura é diretamente influenciada por fatores externos, como sua formação escolar, o exemplo de seus pais, sua educação em casa e sua experiência profissional.

O ex-prefeito contou em certa oportunidade como se capacitou para a liderança. Disse que frequentou sessões preparatórias em centros de treinamento especializados antes de assumir o cargo, uma espécie de tutorial sobre a rotina de um prefeito em uma grande cidade. Esses seminários deram a ele a oportunidade de pensar sobre como agiria diante das mais diversas situações, inclusive uma crise inimaginável como aquela desencadeada pelo ataque terrorista. Ou seja, Giuliani não dava chance ao acaso e se preparou muito para assumir a liderança e os desafios de uma metrópole como Nova York.

Na sequência, o ex-prefeito enumerou alguns princípios que seriam essenciais para o exercício da liderança. Disse que o líder é alguém que enxerga as adversidades como um desafio à sua inteligência e capacidade. Afirmou que os indivíduos perseguem sua esperança, seus sonhos e a realização desses sonhos e são atraídos por quem soluciona problemas.

Fez uma ressalva, dizendo que às vezes as sociedades seguem as pessoas erradas. E destacou a necessidade de um líder ser norteado pela moral e pela ética, empreendendo sempre ações corretas. Salientou também que um líder deve ter coragem, o que não significa a ausência de medo, mas a capacidade de lidar com o medo e de assumir riscos, inspirando as pessoas a seguirem o seu exemplo. Giuliani contou que costuma ser abordado com a seguinte pergunta: "Devemos ter medo de outro ataque terrorista?" Sua resposta é sempre a mesma:

— Sim, devemos. A grande questão é o que fazer com esse medo. Para o ex-prefeito de Nova York, o medo tem um aspecto positivo: quando bem gerenciado, estimula as pessoas a se prepararem. Outro princípio de liderança, portanto, é se preparar bem. Giuliani ensina que devemos procurar antever todas as possibilidades de reveses — tanto em casa quanto na administração de um negócio, uma cidade ou um país. O treinamento nos prepara, inclusive, para eventos não previstos em nosso planejamento inicial.

— O dever de um líder é estar preparado para o pior — destacou. Acrescentou, porém, que os líderes precisam lembrar que não se consegue nada sozinho. Cabe a cada um encontrar quem compense seus pontos fracos e o auxilie a equilibrar suas forças e fraquezas. Ninguém é capaz de reunir todas as habilidades de que uma organização precisa.

Outra qualidade do líder apontada por ele é ter um rápido poder de decisão:

— Tomo decisões rapidamente. Isso é bom em situações de emergência, mas não é tão bom em situações normais. Por isso procuro me cercar de pessoas que me desacelerem. Elas me dizem: "Pense mais um pouco, você tem mais tempo, não precisa decidir agora."

Giuliani também chamou atenção para um erro muito comum em líderes de grandes cidades e organizações, que deve ser evitado: enxergar apenas números e estatísticas. Acrescentou que somente o amor sincero pelas pessoas conquista seu apoio e confiança, e que o líder deve estar presente quando mais necessitarem dele. Nas palavras de Giuliani, "ir a casamentos é opcional, mas ir a funerais é obrigatório, pois é lá que as pessoas mais precisam da nossa presença".

Na manhã seguinte, voltamos a Washington, D.C. Aproveitamos a viagem para comentar os pontos mais importantes da nossa viagem a Nova York.

Para aquela noite, tínhamos reservado um programa especial: assistir ao Wizards, o time de basquete da capital, do qual fazia parte, desempenhando um novo papel, o de dirigente esportivo, o lendário Michael Jordan — considerado o maior jogador de todos os tempos do esporte. Conseguimos duas cadeiras bem atrás do banco de reservas do time de Washington. Poderíamos ver Jordan de perto, sentado junto aos jogadores.

Estávamos almoçando em um charmoso restaurante em Georgetown, um dos bairros mais simpáticos da cidade, com suas lojas elegantes, bares e livrarias, quando tocou o celular com o código de área do Brasil. A princípio, pensei que fosse a secretária do presidente da empresa onde trabalho. Mas minha esposa reconheceu o número. Era da casa dos pais dela. Atendeu a chamada imediatamente. O pai disse a ela para não se assustar, mas precisava informar que a mãe havia feito uma mamografia de rotina. O médico encontrou algo suspeito e pediu para ser feita uma biópsia no dia seguinte.

Minha esposa empalideceu. A tia dela, irmã da minha sogra, falecera havia três anos em decorrência de câncer de mama. Perturbada, ela disse apenas:

— Vou hoje mesmo. Estou em Washington. Deve ter voo direto para aí.

O pai dela acrescentou que a mãe estava se queixando de dores na axila; segundo o médico, um possível sinal da doença, mas ele preferiu não comentar nada com a esposa para não assustá-la.

Pedimos o telefone do médico e em seguida ligamos para ele:

— Doutor, estamos muito longe de casa. O senhor acha que a gravidade do caso justifica o nosso retorno antes de termos o resultado da biópsia? — perguntou minha esposa.

O médico se saiu com uma evasiva que muito nos irritou:

— Medicina não é matemática. A senhora faça o que achar melhor.

Minha mulher ficou apavorada e confirmou sua decisão de pegar um avião o mais cedo possível e voltar para casa, para estar ao lado da mãe na hora de saberem o resultado da biópsia.

Ofereci-me para voltar junto, mas ela não aceitou. Disse que iria na frente para avaliar a situação e conversar pessoalmente com o médico. Caso achasse necessária a minha presença, não hesitaria em me chamar.

Fomos imediatamente para o aeroporto e conseguimos comprar uma passagem para aquela noite. O embarque seria dali a seis horas.

Deixei-a no aeroporto, na entrada da alfândega, com um aperto no coração. Resolvi, então, ocupar-me para passar o tempo o mais rápido possível.

Fui ao Lincoln Memorial, onde se encontra a estátua de Abraham Lincoln, com 6 metros de altura, esculpida em mármore no final do século XIX. Ali sentado, ele parecia dizer uma de suas máximas: "Eu sempre achei que os homens devem ser livres. Sempre que ouço um indivíduo defendendo a escravidão, sinto uma grande vontade de vê-la aplicada nele mesmo."

No início da noite, fui para o MCI Center, para assistir ao jogo do Wizards. O estádio estava superlotado.

Além de um jogador de basquete excepcional, Jordan também foi um grande líder dentro e fora do campo. Conseguia os melhores atletas, como Dennis Rodman e Scott Pippen, e orientava toda a equipe. O técnico Phil Jackson, do Chicago Bulls, era um felizardo. Teve em sua equipe não apenas o melhor do mundo, mas também alguém que contagiava os companheiros e os liderava dentro da quadra.

Quando o time estava perdendo, Jordan gritava, gesticulava e começava a emplacar cestas de três pontos, uma depois da outra. Embalados por seu exemplo de determinação, todos passavam a dar o melhor de si, como se estivessem competindo entre eles e não com o adversário. O mais interessante era que se divertiam muito a cada ponto marcado. Exalavam criatividade, talento, foco, felicidade.

Jordan nasceu no bairro do Brooklyn, em Nova York, em uma família muito humilde. Ainda pequeno, mudou-se com os pais e irmãos para Wilmington, na Carolina do Norte.

O Chicago Bulls, de Michael Jordan, ganhou seu primeiro título em 1991, derrotando o favorito Los Angeles Lakers, de Magic Johnson. Essa conquista serviu para calar os críticos. Diziam que Michael era muito individualista e não seria possível criar um equipe campeã em torno dele. Fez uma brilhante carreira, coroada com a conquista de duas medalhas de ouro pela seleção norte-americana de basquete nas Olimpíadas de Los Angeles, em 1984, e de Barcelona, em 1992.

A partir daí, houve uma sucessão de vitórias com o talento de Jordan fazendo milagres ao longo de todo o campeonato e sendo decisivo nas partidas finais.

Após o término da temporada 1992-1993, o pai de Michael, James Jordan, foi assassinado. Muito abalado, o grande astro anunciou sua saída da NBA. Disse que estava deixando o basquete, pois não via mais nenhum desafio a ser ultrapassado, e pretendia realizar um velho desejo do pai: jogar beisebol. Assinou um contrato com o Barons e se afastou do basquete.

Sua nova carreira foi um fiasco. Após várias derrotas, Michael decidiu voltar para o basquete e para o Chicago Bulls, a fim de compor aquele que é considerado um dos melhores times de todos os tempos.

Após encerrar sua carreira como jogador, Michael se tornou presidente de operações do Wizards. Sem obter os resultados que almejava, resolveu voltar para as quadras. E assim, durante duas temporadas, passou a liderar o time dentro e fora do campo.

Na temporada em que encerrou definitivamente sua carreira como jogador, aos 40 anos de idade, Jordan foi o único do time a jogar todos os 82 jogos. Fez, em média, vinte pontos por partida, um fato notável, considerando sua idade. Mas ainda assim não conseguiu classificar seu time para os *playoffs*, a fase final do campeonato.

Acordei no dia seguinte com o telefonema da minha esposa avisando que chegara bem em casa e já estava a caminho do hospital com sua mãe. Garantiu que me ligaria assim que tivesse o resultado do procedimento médico em que um aparelho semelhante a uma pistola automática retira fragmentos do tecido mamário para análise microscópica.

Eu tinha marcado uma visita a Crottonville, onde fica o Centro de Treinamento de Líderes da GE, perto de Nova York. Ao embarcar, me dei conta de que estava a bordo de um ERJ 145, com capacidade para cerca de cinquenta passageiros, fabricado pela Embraer. O voo foi ótimo! O avião parecia adequado para curtas distâncias. Ao chegarmos ao destino, pedi à comissária para falar com o piloto. Perguntei o que achava daquele pequeno jato, e ele respondeu:

— *I love it!* — Depois enumerou suas qualidades: — Este é o melhor avião do mundo, flexível, econômico, capaz até de driblar tempestades.

Tudo indicava que a Embraer, empresa que eu havia visitado em São José dos Campos, São Paulo, estava conseguindo o que desejava: despertar nos pilotos a paixão pela máquina que fabricava...

Ao chegar ao Centro de Treinamento da GE, o cicerone escolhido para me acompanhar foi logo me avisando que, se perguntassem a Jack Welch qual foi sua maior realização nos mais de vinte anos como presidente da General Electric, ele provavelmente não mencionaria o crescimento, nem os lucros obtidos, nem o extraordinário valor de mercado da empresa durante o período em que a dirigiu. Em vez disso, apontaria os líderes que contratou, desenvolveu e treinou.

O rapaz me contou que uma vez perguntaram a Welch que frase gostaria de ver em sua lápide. O então presidente não pestanejou. Respondeu que gostaria de ter as mesmas palavras inscritas na lápide de Andrew Carnegie, o titã dos negócios:

— Aqui jaz um homem que, no desempenho de sua função, sabia como alistar homens melhores do que ele próprio.

Pedi, então, que me desse alguns exemplos de líderes que Welch formou. Dentre outros, o rapaz citou:

- Jim McNerney, que se tornou presidente do Conselho de Administração e diretor-presidente da 3M — a primeira pessoa de fora da empresa, em mais de cem anos, a assumir seu comando;
- Robert Nardelli, que assumiu a liderança da Home Depot, a décima terceira maior empresa norte-americana;
- Jeff Immelt, sucessor de Welch na própria GE;

- Vivek Paul, nascido na Índia, que saiu da GE para dirigir a Wipro Technologies e nunca se reportou diretamente a Welch — o que prova que a Fábrica de Líderes de Crottonville produzia talentos em todos os níveis hierárquicos, e não apenas no topo;
- Larry Bossidy, que saiu da GE para ser o presidente da Allied Signal e depois foi dirigir a Honeywell.

Fiquei impressionado.

Mas a Fábrica de Líderes não formava apenas homens. Ela produziu também várias líderes do sexo feminino. A mais notável, Charlene Begley, começou sua carreira em 1988 e, aos 39 anos de idade, se transformou na presidente da divisão de plásticos, liderando 11 mil pessoas. Executiva de alta mobilidade, mudou de endereço vinte vezes ao longo de seus 17 anos na empresa. Seu marido teve de abandonar uma carreira de professor para poder acompanhá-la. Charlene lidera também fora dos limites da GE. É membro do Conselho da Universidade de Vermont e participa do grupo de jovens líderes do Fórum Econômico Mundial.

O meu cicerone ainda lembrou histórias fascinantes sobre como Welch conheceu cada um desses líderes. Bossidy e Welch, por exemplo, encontraram-se em torno de uma mesa de pingue-pongue, enquanto participavam de uma convenção anual da GE no Havaí. Welch ficou empolgado com a conversa de Bossidy, que confessou a ele que estava prestes a deixar a GE, pois não suportava mais tanta burocracia, tantos procedimentos, atrasos etc. Welch pediu a ele uma chance e disse:

— Larry, você é o tipo de pessoa de que precisamos. Em breve este será um local diferente.

Bossidy ficou. Mais tarde foi promovido e chegou a ser o número dois da GE, a segunda pessoa mais influente, logo atrás de Welch. Ele sempre valorizou a capacidade de execução, de converter ideias em resultados. Afirmou, por exemplo, o seguinte:

— Muitas pessoas consideram a execução um trabalho detalhista, aquém da dignidade de um líder de negócios. Não é verdade. Essa é a tarefa mais importante de um líder.

Crottonville fica às margens do Rio Hudson, ao norte da cidade de Nova York. Estávamos na sede oficial da transformação organizacional da GE promovida por Welch. Era o lugar onde o melhor e mais promissor time da companhia se encontrava para expandir seus horizontes intelectuais e recarregar as baterias.

— Para Welch, Crottonville era o elemento unificador da empresa — adicionou.

"O fórum onde milhares de líderes da GE que passaram por seu campus puderam compartilhar experiências, aspirações e, muitas vezes, frustrações", descreveu Welch em um de seus livros de memórias.

O assessor garantiu que, mesmo quando a GE fazia grandes cortes no orçamento em outras áreas, Welch investia pesado em Crottonville. Isso chamou minha atenção, pois na maioria das empresas que conheço, quando a situação está difícil, a verba de treinamento é uma das primeiras a serem cortadas.

Fiquei empolgado com aquela visita. Ao sair, parei e olhei para trás. Senti como se estivesse defronte da "Catedral do Conhecimento" sobre temas relevantes para a administração e para a liderança. Voltei no mesmo dia, ansioso pelo telefonema de minha esposa, que só me ligou à noite. Ela informou que os testes preliminares tinham dado resultado negativo para câncer de mama. O resultado definitivo sairia no dia seguinte. Sua voz me pareceu confiante. Fui dormir aliviado.

Assim que acordei na manhã seguinte, tratei de enviar ao presidente da empresa o relatório com minhas impressões sobre aquela intensa semana em terras norte-americanas. Mandei o e-mail e deixei o notebook ligado para carregar as minhas novas mensagens enquanto fui tomar banho.

Quando começava a acessar as mensagens recebidas, o telefone tocou. Era minha esposa, com ótimas notícias: dentro de dois ou no máximo três dias estaria pronta para ir ao meu encontro. O susto passara. O exame de laboratório não havia encontrado células malignas. Sua mãe estava ótima e a família, aliviada. Pretendia deixar as coisas bem organizadas na casa dos pais dela, antes de estarmos juntos novamente.

— Ótimo! — respondi, satisfeito.

Nesse momento, percebi que acabara de entrar na minha caixa de correio eletrônico a resposta do presidente da empresa. Pedi à minha esposa que esperasse enquanto o abria.

— África do Sul! Você sabe onde fica? — perguntei, em tom de brincadeira. — Essa será nossa próxima parada. Ou, pelo menos, a minha parada.

— Não se preocupe — respondeu-me ela com aquela tranquilidade que eu considerava encantadora. — Irei ao seu encontro. Sempre quis conhecer o continente africano. — E começou a me dizer coisas que eu estava precisando ouvir...

Naquela mesma tarde fui tomar as providências necessárias para a viagem, inclusive uma bateria de vacinas contra febre amarela, febre tifoide e tétano. E, naturalmente, a documentação exigida para entrar na África do Sul. Na noite do dia seguinte, me dirigi ao aeroporto. Enquanto esperava a chamada para o embarque, pedi ao garçom que me atendia no bar uma taça de vinho feito com uvas do tipo *pinot noir* da Califórnia, a variedade mais interessante de vinho tinto produzida ali. Brindei à saúde da minha sogra e à esperança de que minha esposa fosse realmente me reencontrar em Joanesburgo.

9. Surpreenda pelos resultados

"Cresci sem um pai. Quando ele voltou, tornou-se o pai de uma nação."

Essa frase, atribuída a Zinzi Mandela, filha do ex-presidente sul-africano e Prêmio Nobel da Paz Nelson Mandela, exprime sentimentos antagônicos e simultâneos: a tristeza pela falta que sentiu da figura paterna, enquanto ele esteve preso durante quase três décadas, e o orgulho pelo que ele representou para seu país e — por que não dizer — para a humanidade. A situação vivida por Zinzi é bastante comum. Vários filhos de líderes ativos se queixam da ausência do pai ou da mãe. Absorvidos pelas atribuições da liderança, de certa forma, muitos perdem oportunidades de ter maior convivência com a família. Poucos líderes experimentam o extremo de prisões reais como Nelson Mandela, mas acabam prisioneiros de situações que eles próprios constroem em sua trajetória.

Estava absorto nesses pensamentos enquanto caminhava naquele final de tarde pelas ruas mal pavimentadas de Soweto, a conhecida favela no sudoeste de Joanesburgo. Assim que desembarquei, algumas horas antes, resolvi não me deixar abater pelo cansaço da viagem nem pelos sentimentos de tristeza e saudade causados pela ausência da minha esposa. Estava realizando um antigo desejo de visitar Soweto, que conhecia muito de leitura e de imagens vistas em documentários.

Em Washington, eu havia reencontrado um antigo professor que era especialista em assuntos africanos. Resolvi telefonar para ele e descobri que acompanhava de perto a situação na África do Sul. Assim que soube que eu iria para lá, liguei para ele pedindo que me indicasse algum evento onde Mandela estivesse presente. Queria pelo menos ver o ex-presidente sul-africano nem que fosse à distância. Ele prometeu tentar.

Quando voltei para o hotel onde me hospedara em Joanesburgo, havia uma mensagem para mim. Ansioso, subi ao apartamento e liguei imediatamente para o número no recado. Boas notícias: Nelson Mandela concederia uma entrevista coletiva à imprensa internacional na manhã seguinte e, se eu chegasse antes, poderia tentar assistir à coletiva. Fui alertado de que não me atrasasse em hipótese alguma.

Mandela ainda praticava alguns hábitos adquiridos na prisão: acordava diariamente às 4h30 da manhã e, meia hora depois, começava sua série de exercícios. Trabalhava sempre 12 horas por dia. Não tolerava a falta de pontualidade. Ficava impaciente quando alguém se atrasava. Um verdadeiro exemplo de gestão do tempo eficaz.

Ao se retirar da vida pública em 1999, Mandela se mudara para o lugar onde nascera, Qunu, um pequeno vilarejo perto de Umtata, na região do Transkei, ao sul do país, distante mais ou menos uma hora de avião de Joanesburgo. Daquela vez ele tinha viajado especialmente para a celebração, três dias antes, do aniversário do Levante de Soweto. A data foi escolhida para comemorar o fim do *Apartheid* — uma política de segregação racial que bloqueava o acesso dos negros à propriedade da terra e à participação política, obrigando-os a viver em zonas residenciais delimitadas e proibindo o casamento com brancos.

Na entrevista, Mandela revelou que, nos momentos de privacidade, gostava de olhar o pôr do sol ouvindo obras de compositores clássicos como Händel e Tchaikovsky ou música africana. E relembrou como ficou impedido de desfrutar esse simples prazer durante quase três décadas, trancafiado numa cela. Chegou a organizar alguns concertos e um coral com os demais prisioneiros, nas proximidades do Natal.

O ex-presidente falou de sua trajetória. Relatou que decidiu ser advogado ao ouvir as histórias contadas pelos mais velhos sobre os valores sustentados por seus ancestrais durante períodos de guerra e de defesa da cidadania. Completou o bacharelado por correspondência e entrou na política ao se filiar ao Congresso Nacional Africano, em 1942.

Em determinado momento, falou o que eu já tinha lido em um de seus livros: "A verdadeira liderança exige compreensão de que não se está agindo como indivíduo, que se está representando o coletivo."

Ele sempre impressionou a todos por sua disciplina e sua capacidade de trabalho. Foi um dos coautores do Programa de Ação que pregava boicotes, greves e não cooperação com a plataforma do *Apartheid* — que elegeu o Partido Nacional em 1948, ao propor um governo apenas de brancos para brancos.

Escolhido como voluntário-chefe da Campanha de Desafio a Leis Injustas, em 1952, Mandela viajou por todo o país, organizando a resistência contra a legislação discriminatória. Acusado e julgado por seu papel na campanha, a Corte deixou claro que ele sempre aconselhara seus seguidores e os outros líderes do movimento a adotarem um discurso pacífico e a evitarem qualquer tipo de violência. Mesmo assim, foi condenado e confinado em Joanesburgo por seis meses.

Durante toda a década de 1950, ele enfrentou várias formas de repressão. O Congresso Nacional Africano, ou CNA, foi considerado ilegal e Mandela emergiu como o principal líder nessa nova fase de luta contra o *Apartheid*. Foi preso em diversas ocasiões. Orgulhosamente, contou como ele e Oliver Tambo abriram em Joanesburgo a primeira firma de advogados negros da história sul-africana, em 1952.

Quase dez anos depois, em março de 1961, o CNA conseguiu reunir numa convenção 1.400 representantes. Num discurso eletrizante, Mandela, o principal orador, desafiou o regime do *Apartheid* a fazer uma convenção nacional representando todos os sul-africanos e a formatar uma nova Constituição baseada em princípios democráticos.

A resposta do governo à sua proposta pacífica foi uma mobilização militar sem precedentes. Mandela tomou uma decisão polêmica: formou um braço militar no CNA para defender seus membros e organizar boicotes aos gestores públicos.

Em junho de 1961, voltava da Etiópia, onde fora proferir um discurso, quando foi preso. Pediu para ser seu próprio advogado. Começou sua defesa com a célebre frase: "Eu detesto o racismo, porque considero isso uma coisa bárbara, quer seja praticado por um homem branco, quer seja por um homem preto!"

Suas palavras finais antes de receber a sentença foram: "Eu tenho lutado contra a dominação branca. E eu tenho lutado contra a dominação negra. Eu acalento o ideal de uma sociedade livre e democrática na qual todas as pessoas vivam em harmonia e com oportunidades iguais. É um ideal que eu espero poder viver para ver realizado. Mas, se necessário, é um ideal pelo qual eu estou preparado para morrer."

Mandela ficou detido em prisões de segurança máxima até 1990. Durante esse período, rejeitou várias propostas de acordo. Sempre respondia: "Prisioneiros não podem assinar contratos. Só homens livres podem negociar!"

Em 1991, na primeira convenção do CNA na África do Sul após ter sido banido, Mandela foi eleito presidente do partido, e seu colega e amigo Oliver Tambo, presidente do Conselho do CNA. Tomou posse em 1994 como presidente da África do Sul, no primeiro governo eleito democraticamente no país.

Ao receber o Prêmio Nobel da Paz, em 1993, Mandela deixou claro que a homenagem não cabia a ele, mas ao povo sul-africano e a todos os que lutaram pela paz e se posicionaram contra o racismo, em especial a Noruega e a Suécia, os dois países que mais apoiaram sua luta contra o *Apartheid*, enquanto o resto do mundo se mantinha em silêncio.

O presidente Mandela tinha um Propósito claro, uma Causa bem definida, uma bandeira capaz de mobilizar milhões de pessoas, mesmo estando na prisão. É um exemplo de que o Líder Inspirador consegue estimular e mobilizar os liderados, mesmo estando fisicamente ausente.

Senti uma necessidade irresistível de voltar a Soweto e fazer a pé o trajeto entre a escola Morris Isaacson e o Memorial Hector Peterson, um percurso muito emblemático na luta contra a segregação. Bem ali, no dia 16 de junho de 1976, ocorreu o levante que é considerado o ponto de virada do *Apartheid*. Milhares de estudantes desafiaram o regime. Saíram às ruas, furiosos, para protestar contra a obrigatoriedade de aprender o africâner, a língua falada pelos colonizadores brancos.

Eram alunos do ensino fundamental, tão jovens que muitos ainda nem tinham idade para usar calças compridas. Surpresa diante daquele desafio inesperado, a polícia abriu fogo e matou 23 estudantes. As mortes provocaram uma revolta que se espalhou pelo país e ultrapassou as fronteiras da África do Sul. A foto da primeira vítima do levante, Hector Peterson, de 12 anos, sendo carregado por um colega percorreu o mundo e desencadeou uma mobilização internacional contra o regime racista sul-africano.

Um jornalista se lembrava perfeitamente desse dia: "Os acontecimentos daquele dia tiveram repercussões em todos os municípios da África do Sul. Os funerais das vítimas da violência se tornaram locais de motins. Os jovens sul-africanos se deixaram levar por um espírito de protesto e rebelião."

Aos poucos, o *Apartheid* foi perdendo força, até a convocação das eleições em 1994.

Ao anoitecer, meus pensamentos giravam em torno do grande exemplo de exercício pleno da liderança dado por Nelson Mandela. Definiu e lutou por um Propósito, por uma Causa que virou um sonho coletivo. Inspirou vários líderes com os quais conviveu. Não só liderou seu grupo em seu país, como também liderou sua causa no continente africano e no mundo, mesmo estando preso. E conseguiu alcançar os resultados pelos quais lutara: o fim do *Apartheid* e eleições democráticas.

Aquele homem simboliza o triunfo do espírito humano sobre a falta de humanidade de algumas pessoas. Ele jamais respondeu ao racismo com racismo. Sua liderança é um dos melhores exemplos contemporâneos de inspiração pelos valores e atitudes. Sua força nasce justamente da coerência entre seu discurso, seus atos e seus valores.

Quando me deitei, várias reflexões sobre a atuação de líderes carismáticos ecoavam na minha mente. Cheguei à conclusão de que vários líderes se comportam dessa maneira. Usando a força do seu carisma, conduzem as pessoas para posições radicais e, em alguns casos, até para o fanatismo. Consideram-se iluminados e enviados por uma força divina e acabam perdendo o contato com a realidade. Às vezes, lideram apenas pela paixão, sem o conteúdo necessário para construir o futuro de uma empresa, de uma comunidade, ou até mesmo de um país.

Questionei então: por que os cursos sobre liderança insistem nesta tecla — destacar o carisma do líder? Aquela viagem estava me mostrando que existem outras características muito mais importantes do que o carisma.

Acordei às 6h da manhã seguinte, com a luz forte do sol que já despontava no céu africano. Tomei um rápido café e fui ao aeroporto buscar minha esposa, que chegaria num voo às 7h59. Ela só saiu pela porta de desembarque no saguão do aeroporto às 10h. Os procedimentos aduaneiros eram bastante lentos.

Ela parecia feliz. Estava um pouco mais magra e com os cabelos mais curtos, cortados em seu cabeleireiro preferido, na esquina da rua onde moramos.

Trocamos um longo e carinhoso abraço. Disse a ela que fiquei muito feliz com sua decisão de ir ao meu encontro. Minha esposa afirmou que realmente havia passado um grande susto, mas estava confiante de que sua mãe não teria problemas graves, pelo menos por enquanto. E respirou fundo, como se tomasse fôlego para recomeçar do ponto em que havia parado.

Mostrando disposição para voltar a trabalhar na nossa missão, falou que havia recebido a cópia do relatório da viagem aos Estados Unidos. Acrescentou que sentia muito ter perdido aquela sequência de achados, principalmente a chance de ver Michael Jordan em seu novo papel de líder, como dirigente e não mais como jogador, e a visita a Crottonville, o centro de treinamento da GE.

Transmiti a ela, rapidamente, as minhas impressões sobre a África do Sul, o papel de Nelson Mandela na reconstrução daquele país, e, por fim, o que nos esperava nos próximos dias.

À noite, em um recepção na Embaixada, encontramos um jovem empresário brasileiro que dirigia três empresas no país.

Perguntei a ele qual a razão de seu sucesso como líder empresarial em um país muito diverso do nosso. Ele me respondeu com elevada dose de humor e otimismo:

— São as mesmas razões que funcionam em qualquer lugar, independentemente do seu grau de desenvolvimento: pessoas e clientes!

Explicou em detalhes que o líder tem de saber escolher pessoas, capacitá-las e desenvolvê-las, caso contrário nada consegue fazer além do seu limite físico. Mas acrescentou algo inusitado:

— Não desgrude de seus clientes! Eu explico: o líder precisa sair em busca de mercados, onde quer que estejam. Tem de criar oportunidades. Tem de passar mais tempo com seus clientes do que trancafiado no escritório. O líder eficaz, qualquer que seja sua posição dentro da empresa, tem de estar onde o cliente está. Mesmo quem é membro de um governo tem de estar onde o cidadão — o cliente do governo — está. Essa é a razão do sucesso dos líderes eficazes. Liderar não é apenas ter uma equipe de liderados. É preciso liderar de dentro para fora e de fora para dentro. Fazer as duas coisas simultaneamente. Aí reside a diferença entre os líderes eficazes e aqueles que são apenas eficientes.

Após um rápido banho, sentei-me diante do notebook para enviar um e-mail com minhas impressões da viagem para o presidente da empresa. Deparei-me com a dificuldade de acesso à internet. Tive de solicitar ajuda na recepção do hotel, que enviou um técnico ao nosso quarto. Mas pouco adiantou. Depois de quase duas horas de tentativas, tive de descer e ir a uma sala onde havia dois terminais de computador. Aguardei pacientemente enquanto lia um exemplar do jornal *International Herald Tribune*.

Finalmente, consegui enviar o relatório e subi para o apartamento. Teria de esperar algumas horas pela resposta.

Mas, em vez de me responder com mensagens escritas, como de hábito, o presidente resolveu me telefonar. Começou perguntando se estávamos bem. Confirmei que sim e agradeci a preocupação dele conosco. Perguntei sobre nosso próximo destino. Então ele revelou que a etapa final da nossa viagem para pesquisar sobre o exercício da liderança seria na Europa.

— Afinal, além do Brasil, vocês já estiveram na Ásia, na África e nos Estados Unidos. Falta a perspectiva europeia da liderança, concorda? — indagou.

— Na realidade, falta também o Oriente Médio — respondi.

— A situação no Oriente Médio está muito complicada no momento — retrucou o presidente.

Fez uma pausa e perguntou se eu achava mais produtivo ir para Paris ou para Bruxelas, onde se localiza a sede da Comunidade Europeia.

Respondi que preferia não ter de escolher entre uma ou outra cidade. Gostaria de visitar as duas. E acrescentei, sorrindo:

— Uma das coisas que aprendi nesta viagem é que nós, ocidentais, vivemos em uma espécie de "ditadura do ou". Sempre nos impomos uma escolha entre uma coisa ou outra. Já os orientais, mais sabiamente, quando se veem diante de um dilema, tentam uma coisa e outra. Assim sendo, não quero escolher entre Paris ou Bruxelas, prefiro visitar as duas, ou seja, uma e outra.

— Está bem, você venceu — aceitou o presidente. — Primeiro Paris e depois Bruxelas!

Estávamos bastante cansados e, de certa forma, estressados com tudo o que vínhamos vivenciando. Dormimos profundamente logo após a decolagem. Paris nos aguardava e queríamos ir descansados ao seu encontro.

10. Inspire pelos valores

"Paris continua sendo a grande vitrine da moda. Seus desfiles ditam o que será usado no resto do mundo. É uma liderança incontestável nesse negócio!"

A frase foi pronunciada pela comissária de bordo que servia nosso jantar, no voo para Paris. Ela já havia assistido àquela cena dezenas de vezes e sabia de cor e salteado a fala de Miranda Priestly, diretora da fictícia *Runway*, a mais poderosa revista de moda do planeta, e principal personagem do filme *O diabo veste Prada*, avisando à sua assistente que deveria iniciar os preparativos para irem à Semana da Moda em Paris.

Minha mulher foi logo me adiantando que o filme se baseou no livro da jovem Lauren Weisberger, autora norte-americana de primeira viagem que trabalhou como assistente de Anna Wintour, editora da *Vogue Magazine* — esta, sim, uma revista real e influente. Explicou-me ainda que a grife italiana Prada é uma das mais sofisticadas e caras do mundo da moda.

— É o sonho de consumo de muitas mulheres! — disse, suspirando.

Miranda Priestly é o diabo que veste Prada. Tem o poder de fazer e desfazer nomes nessa indústria. Estilistas ressuscitam após um empurrãozinho dado por ela. Outros submergem quando ela trata suas criações com indiferença. Em uma inesquecível interpretação da atriz Meryl Streep, a protagonista do filme é uma executiva autoritária, exigente, que parece sentir um prazer sádico em humilhar seus subordinados, como a jovem e ingênua Andrea Sachs, a nova assistente de Miranda.

Rimos muito em algumas cenas que mostram bem os valores da poderosa chefona. Como Andrea nunca sabe a hora exata em que Miranda vai chegar, e a diretora não gosta de tomar o café morno ou requentado, a assistente providencia novas xícaras no Starbucks da esquina a cada dez minutos, num esforço para que Miranda sempre encontre um café quentinho ao entrar em sua sala!

Como uma prima-dona, Miranda raramente se lembra do nome da assistente — que trabalha de 12 a 14 horas por dia para ela —, nunca fala "obrigada", dá chiliques inenarráveis e é a rainha dos pedidos impossíveis. Andrea é forçada a estar sempre com dois celulares ligados o tempo todo. Miranda exige que sua assistente seja 24 por 7. Não, isso não é uma nova medida de manequim; significa apenas que Andrea precisa estar disponível, 24 horas por dia, sete dias por semana!

— O interesse em torno do filme e do livro se explica pelo fato de a *Vogue* ser a líder no milionário mercado das revistas de moda, e de sua diretora, Anna Wintour, provavelmente ter inspirado a personagem do filme —

complementou minha esposa. — Li em algum lugar que Anna Wintour foi convidada pelo chefão da editora Condé Nast a assumir a direção da *Vogue* americana, em 1988, no lugar de Grace Mirabella, contratada pela editora concorrente, de quem ganharia uma revista com o seu nome, a *Mirabella*.

Minha esposa contou ainda que, no início dos anos 1980, Anna chegou a trabalhar na *Vogue* sob o comando de Grace. O jornalista Michael Gross, em seu livro *Modelo — O mundo feio das mulheres lindas*, relatou uma conversa que teria ocorrido entre as duas. Grace perguntou que trabalho Anna gostaria de fazer. "Grace, é óbvio, eu quero o seu emprego", teria respondido Anna.

— Dizem que Anna Wintour é tão temida que ela não partilha o elevador com ninguém na empresa e os funcionários são instruídos a não dirigir a palavra a ela em hipótese alguma — acrescentou minha esposa.

Estava pensando na agenda que deveria cumprir em Paris, etapa final da nossa pesquisa de campo sobre o exercício da liderança, quando de repente apareceu Miranda na tela do avião — magra, superelegante, influente, temida.

Apesar de oferecer causas à equipe que comanda, de influenciar o mundo da moda e de obter claros resultados para a revista da qual é diretora, a caricatural Miranda Priestly dá lições muito úteis sobre como o Líder Inspirador não deve se comportar.

O espectador atento percebe logo os elevados custos emocionais para os comandados e para ela própria, em razão dos valores, atitudes e posturas que Miranda utiliza para exercer sua liderança. Seu estilo é eficiente para alcançar os objetivos imediatos, mas demolidor a longo prazo na sustentabilidade da equipe e da empresa.

— Espero que esse filme seja útil para as mulheres que ocupam posições de comando nas empresas — observou minha mulher. — Por terem vivido em um mundo machista, quando começam a experimentar o poder, algumas se confundem, perdem a naturalidade, imitam atitudes do universo masculino e se tornam autoritárias, obsessivas e desagradáveis. Falo como gerente de Recursos Humanos — enfatizou ela. — Já tive de contratar sessões de *coaching* para executivas que deixam de ser o que são, perdem sua essência, passam a imitar o modelo masculino de sucesso e começam a fracassar.

Concordo com minha esposa. As mulheres não precisam imitar os homens para exercer a liderança de forma eficaz. A inteligência feminina passou a ser um importante fator de competitividade de produtos, negócios e empresas. Tornou-se um diferencial na era dos serviços e do relacionamento.

Algumas características do universo feminino que, de forma preconceituosa, eram consideradas fraquezas — sensibilidade para as necessidades dos outros e preocupações comunitárias, por exemplo — tornaram-se vantagens no mundo corporativo. Outras habilidades mais frequentes entre as mulheres — como a capacidade de negociação, a tolerância para a ambiguidade, a comunicabilidade e a organização do tempo — são objeto de cursos e programas de treinamento para executivos do sexo masculino.

Lembrei-me de várias mulheres que não imitam o modelo masculino, preservam seu jeito de ser e se dão bem.

Estava começando a preparar uma lista com os nomes dessas líderes quando o comandante do avião avisou que deveríamos aterrissar dentro de 40 minutos. A comissária de bordo começou a distribuir o formulário a ser entregue às autoridades locais.

Quando o funcionário da alfândega francesa pediu à minha mulher *"Passeport, s'il vous plaît!"*, ela me olhou e abriu um terno sorriso. Não conseguia esconder o misto de ansiedade e alegria por estar realizando o antigo sonho de conhecer Paris, a Cidade Luz.

Passamos mais de uma hora no táxi que nos levou do aeroporto Charles de Gaulle até o Hotel de Crillon, situado na imponente Place de la Concorde, o coração da cidade à margem direita do rio Sena. Do lado esquerdo do rio ficam os bairros boêmios que pretendíamos visitar assim que tivéssemos tempo livre.

Após um bom banho e um breve descanso, fui acessar meus e-mails. Estava intrigado, pois o presidente da empresa onde trabalho mandara apenas as passagens aéreas e a reserva do hotel, mas não havia mencionado quem eu deveria procurar na Europa.

Encontrei uma mensagem curiosa dele:

"Bienvenue à Paris! Espero que tenham feito boa viagem.
Você deve estar curioso para saber minhas indicações
de contatos a fazer.
Mas, dessa vez, vou sugerir algo diferente. Você já foi
a várias empresas nos países pelos quais passou.
Agora eu proponho que deixe o mundo corporativo de lado
e mergulhe no que Paris tem de melhor: cultura,
gastronomia, arte, moda.

Paris dita regras para o mundo em várias áreas. E isso não é apenas obra do acaso. Descubra como Paris se tornou o que é hoje. É apenas resultado do talento de seus artistas? Nessa última etapa da viagem, deixe sua sensibilidade falar mais alto."

— Uau! — exclamei. E fui mostrar a mensagem para minha mulher. Nós dois lemos e relemos o texto várias vezes.

Já anoitecendo, saímos para caminhar em direção à Avenida dos Champs-Elysées. Atravessamos a Place de La Concorde e demos de cara com os monumentos retratados nos cartões-postais da cidade.

— Realmente, Paris é uma festa! — declarou minha mulher, relembrando a célebre confissão do escritor norte-americano Ernest Hemingway.

A França sempre inspirou artistas de todos os lugares do mundo — escritores, pintores, escultores, músicos, urbanistas, arquitetos, dramaturgos, poetas, filósofos, cineastas —, o que faz de Paris a capital das artes do mundo ocidental.

Seguindo a sugestão do presidente da minha empresa, comecei a pensar mais profundamente em liderança sob a perspectiva das artes e da cultura, não apenas do ponto de vista organizacional.

Como seria o exercício da liderança entre artistas? Qual seria a relação entre Claude Monet, Édouard Manet, Auguste Renoir, Pissarro, Seurat e vários outros expoentes do Impressionismo, escola de pintura surgida na França em 1870 e que utilizava cores e contrastes para transmitir a impressão visual que a incidência de luz ocasionava na natureza? E entre eles e seus discípulos?

Quais os desafios para liderar um novo movimento artístico e, assim, criar uma nova escola estética ou de pensamento?

Sabe-se que Pablo Picasso, o notável pintor espanhol, e o italiano Amedeo Modigliani, artistas estrangeiros que conheceram a fama em Paris, travaram um intenso duelo pela liderança no mundo das artes no início do século passado, cada um tentando conquistar a atenção dos formadores de opinião da época e influenciar as escolas de arte.

De um lado, o talento de quem rompeu o paradigma da arte ao pintar *Les demoiselles d'Avignon* e seduziu não só inúmeras mulheres, mas também marchands influentes e intelectuais politizados. De outro, o talento de quem também revolucionou as artes com suas telas e cultivou um estilo atribulado de vida, dançando embriagado sobre mesas dos bares de Montmartre, inspirado pelo amor proibido que sentia pela católica Jeanne Hebuterne.

O duelo entre os geniais Picasso e Modigliani teve o mesmo enredo da maioria dos conflitos de liderança nas empresas, nas famílias e na política: emoções descontroladas, competição, ciúmes, vaidade, arrogância, ousadia, dúvidas, arrependimentos, compaixão.

Esse turbilhão de pensamentos agitava a minha mente quando chegamos ao restaurante L'Alsace, conhecido pela cozinha típica da região da Alsácia, na fronteira da França com a Alemanha. Nesse ponto, a Europa era diferente de todas as outras regiões que havíamos visitado: exibia uma diversidade proporcionada pela proximidade de outros países, outras culturas, a uma distância relativamente curta, a apenas poucas horas de carro, trem ou avião. Como entrada, pedimos um delicioso prato de frutos do mar, acompanhado por duas taças de um bom vinho branco, um Chablis. Depois escolhemos um risoto de cogumelos e meia garrafa de Beaujolais, um vinho tinto bastante leve.

Na hora de acertar a conta, tirei da carteira o cartão de crédito, mas resolvi pagar em espécie, em euros, a moeda utilizada na maioria dos países europeus. Observei as notas por alguns segundos antes de entregá-las ao garçom. Quem imaginaria, alguns anos atrás, que a União Europeia, inclusive com uma moeda comum, seria possível um dia? Isso foi resultado da junção de vários líderes em torno de uma causa.

Voltamos a pé para o hotel, felizes, cantarolando a sensação de liberdade e a beleza do cartão-postal à nossa volta. À direita, a Torre Eiffel; às nossas costas, o Arco do Triunfo; e, bem à nossa frente, o obelisco da Place de La Concorde, onde ficava nosso hotel.

— Realmente, Paris é uma festa! — concordei.

No dia seguinte, logo cedo, após o café, pegamos o metrô na estação dos Jardins des Tuileries e fomos até a estação de Saint-Germain-des-Prés. De lá caminhamos pelo movimentado Boulevard Saint-Germain, cheio de lojas, restaurantes e cafés, até o cruzamento com o Boulevard Saint-Michel. Voltamos pelo outro lado da rua para apreciar melhor as vitrines.

Paramos no famoso Café de Flore para um espresso enquanto organizávamos a agenda daquela semana. A única reunião marcada era com um professor da Universidade Sorbonne, quase em frente ao café onde estávamos.

Nas décadas de 1950 e 1960, o Boulevard Saint-Germain virou sinônimo de vida intelectual. Ali, a filosofia existencialista convivia com o jazz, o cenário ideal para que Jean-Paul Sartre e Simone de Beauvoir propusessem um modo de vida bastante peculiar. O casal costumava ser visto ora no Café de Flore, ora ao lado, no Deux Magots, escrevendo, lendo jornais, conversando com a *intelligentsia* parisiense. O existencialismo atravessou fronteiras e foi inspiração para pessoas de diversas culturas.

Paris não é apenas a cidade das artes e das ideias. Tem sido, também, palco de rebeliões que repercutiram no mundo todo. No século XVIII, a Revolução Francesa acarretou profundas mudanças políticas e sociais. A queda da Bastilha, no dia 14 de julho de 1789, marcou o início desse movimento popular que levou à sangrenta derrubada da monarquia e teve profunda influência no exercício do poder em vários países do mundo.

A Cidade Luz também foi uma das protagonistas da Segunda Guerra Mundial. Eu pensava nisso na noite anterior, ao passar pelo Arco do Triunfo, que, na realidade, foi edificado em honra ao exército de Napoleão Bonaparte — o maior líder da história francesa, que conquistou meio mundo na sua época, mas cuja arrogância o levou a cometer graves erros de avaliação que o conduziram à derrota e ao exílio forçado. Lembrei-me, porém, do simbolismo que o monumento adquiriu durante o confronto com as tropas de Hitler.

Vitoriosa na Primeira Guerra Mundial (1914-1918), a França foi invadida pela Alemanha em maio de 1940. No dia 14 de junho daquele ano, perante a população de Paris, chocada e atônita, o exército alemão marchou pela

Avenida dos Champs-Elysées em direção ao Arco do Triunfo. A França se dividiu em duas: o norte e o litoral atlântico, tendo como sede Paris, ficaram sob o comando militar nazista; o sul, até a costa do Mediterrâneo, coube à administração de Vichy, cidade sede do regime colaboracionista chefiado pelo marechal Pétain.

O edifício onde está localizado o Hotel Intercontinental, em Paris, abrigou o comando nazista durante aqueles anos sombrios. Por esse motivo, contrariando a orientação do presidente da minha empresa, que certamente desconhecia esse detalhe histórico, decidimos não nos hospedar ali. Preferimos pagar a diferença do próprio bolso para nos instalarmos no Hotel de Crillon, que ficava perto. A decisão nos deixou satisfeitos e aliviados. Felizmente, isso nunca foi questionado pelo presidente.

A resistência francesa durante a ocupação alemã é um dos melhores exemplos de como uma comunidade pode se organizar em torno de uma causa — a libertação do país — para derrotar um poderoso adversário. A cidade saiu da dominação nazista quatro anos depois, em 1944. As imagens da libertação de Paris percorreram o mundo, sensibilizando aliados e países neutros. Elas ajudaram a precipitar o fim da guerra e a rendição alemã.

Esse fato histórico revelou um dos maiores líderes que a França já conheceu: Charles de Gaulle, o general que virou presidente da República. Inspirado pelos valores máximos da sociedade francesa — liberdade, igualdade e fraternidade —, De Gaulle soube articular uma intensa parceria com dois outros grandes líderes mundiais, o primeiro-ministro inglês Winston Churchill e o presidente norte-americano Roosevelt, para deter Hitler e libertar a França e o mundo da ameaça do Eixo nazifascista. Tudo isso contou com a ajuda decisiva da Rússia que, do lado oriental da Europa, esmagou as tropas de Hitler a um custo altíssimo: 10 milhões de soviéticos morreram na guerra.

Sempre me intrigou como seria a convivência entre esses três grandes líderes. Como conciliavam a causa maior de libertar o mundo com os interesses de seus próprios países? Como gerenciavam suas vaidades? De que modo lidavam com a ambiguidade? E com suas diferenças culturais? Estava curioso para assistir ao filme *O destino de uma nação*, que narra o momento mais difícil para Churchill quando ele tomou a decisão que ajudou a mudar o rumo da Segunda Guerra Mundial.

Logo após o conflito, a Europa começou sua reconstrução e o general De Gaulle liderou o reposicionamento da França como um país bastante influente no cenário mundial.

Até que, em maio de 1968, há exatos cinquenta anos, Paris foi mais uma vez palco de uma rebelião que abalou o mundo. Sabíamos pouco sobre esse episódio. Eu havia lido que a revolta não começara exatamente ali na Sorbonne, cujo prédio principal podíamos ver de onde estávamos sentados. Mas nem eu nem minha esposa conseguíamos precisar onde fora. Sabíamos apenas que, semanas depois, milhares de estudantes saíram por aquelas ruas que agora observávamos enquanto saboreávamos nosso café, para protestar contra o regime e principalmente contra alguns valores vigentes na sociedade da época.

O movimento cresceu, atravessou fronteiras e criou sinergia com o que acontecia nos Estados Unidos, no *campus* da Universidade de Berkeley e em Woodstock — o maior festival de rock de todos os tempos, que, durante três dias do mês de agosto de 1969, reuniu grandes lendas do rock como Janis Joplin e Jimi Hendrix e um público de mais de 400 mil pessoas em uma fazenda em Bethel, no estado do Maine.

Mudaram-se hábitos, formas de pensar, maneiras de agir. Convenções sociais foram demolidas. O mundo organizado do pós-guerra parecia ruir. As transformações que ocorreram na política e na sociedade foram tão profundas que seus reflexos são sentidos até hoje: 1968 ficou conhecido como "o ano que não acabou".

Minha esposa confessou que gostaria de ter ido a Woodstock, mas de forma muito pragmática interrompeu a conversa e disse:

— Amor, a reunião com o professor está marcada para começar em 15 minutos.

Pedimos mais um café espresso e croissants, e eu respondi:

— Você não foi a Woodstock, mas está exatamente na esquina das duas ruas onde aquele movimento eclodiu, na primavera de 1968. Aproveite!

Atravessamos a rua e entramos no templo acadêmico da Universidade de Sorbonne para o encontro com um professor que conhecera Daniel Cohn-Bendit, o líder daquele movimento que foi chamado de "Barricadas de 1968". Daniel virou deputado, pelo Partido Verde alemão, no Parlamento Europeu — que congrega representantes de todos os países-membros da Comunidade Europeia —, sediado em Bruxelas.

Muito didático, o professor nos contou que, em 1965, na periferia oeste da capital francesa, instalou-se a Universidade Paris-Nanterre para acolher estudantes que não conseguiam ingressar no circuito superior tradicional — Sorbonne, Escola Normal, Escola Politécnica etc. Em pouco tempo, o campus de Nanterre tornou-se um centro de contestação.

No início de 1968, descontentes com a disciplina rígida, os currículos escolares e a estrutura acadêmica conservadora, os estudantes organizaram protestos que os levaram à ocupação do *campus* da universidade em março.

Seus colegas da Sorbonne se solidarizaram. Dois meses depois, a universidade foi fechada pelas autoridades. O movimento se espalhou. Passeatas estudantis, organizadas pela Union Nationale des Étudiants de France (UNEF), foram dissolvidas com violência crescente pela CRS, a polícia do presidente De Gaulle.

Indignados, os estudantes obstruíram as ruas centrais de Paris que davam acesso ao Quartier Latin, antigo centro universitário da cidade. A maior batalha deu-se na "Noite das Barricadas", em 10 de maio.

Àquela altura, a revolta contava com a simpatia de outros setores da sociedade: sindicalistas, professores, funcionários, jornaleiros, comerciários, bancários e, por último, operários. Todos aderiram à causa estudantil.

De protesto contra o autoritarismo e o anacronismo das academias, o movimento rapidamente se transformou em contestação política ao regime gaullista, que já sofria o desgaste provocado pela longa guerra de independência da Argélia.

Tive dificuldade de imaginar Paris com o calçamento das ruas revirado, os paralelepípedos servindo de arma, vidraças partidas, postes caídos e carros incendiados, assumindo ares de cidade rebelada. No alto das casas e dos prédios tremulavam as bandeiras negras dos anarquistas.

Durante três semanas, cerca de 9 milhões de franceses declararam-se em greve geral. Mais de 1 milhão de pessoas marcharam pelas ruas em protesto contra o governo, lideradas por Daniel Cohn-Bendit, que ganhou o apelido de "Dany le Rouge" (Daniel, o Vermelho).

De Gaulle propôs uma solução eleitoral e, graças a ela, com o apoio de uma imensa manifestação da "maioria silenciosa" pela ordem, conseguiu evitar um motim social. Obteve uma significativa vitória nas eleições de junho. O movimento estudantil refluiu. A tormenta passara, mas o general De Gaulle, enfraquecido, renunciou à Presidência da República em abril de 1969.

— A França, que no início da década de 1960 parecia entediada por estar de fora dos grandes acontecimentos que então ocorriam no mundo — considerou o professor, de forma irônica —, em maio de 1968 teve o tédio transformado em um furor que virou o país de cabeça para baixo. Um jovem líder estudantil comandou o movimento que derrubou a maior legenda da França no pós-guerra, o general De Gaulle.

O docente fez uma pausa. Disse que gostaria de continuar a conversa, mas estava na hora do seu almoço e, como ele tomava medicamentos para o controle do diabetes, não podia atrasar sua refeição. Então nos convidou para almoçar com ele na Brasserie Lipp, tradicional ponto de encontro de políticos, jornalistas e acadêmicos.

Estávamos degustando um *coq au vin*, um frango cozido em molho de vinho tinto e servido com legumes, quando perguntei sobre a onda de protestos e rebeliões de jovens na periferia de Paris que eclodira em outubro de 2005.

Ele argumentou que, daquela vez, não se tratava de uma causa ideológica, mas de reivindicações de um grupo enorme de pessoas que se sentiam excluídas da sociedade. Explicou que a origem dos tumultos foi a morte de dois jovens eletrocutados em uma subestação de energia elétrica. Testemunhas afirmaram que eles foram perseguidos pela polícia, o que provocou as mortes.

O professor lembrou-se de uma entrevista de Cohn-Bendit ao *Spiegel Online*, um site alemão, na qual explicava que todo dia ocorrem batidas policiais nos subúrbios de Paris. Jovens africanos são os mais visados.

— Ficam detidos durante horas nas delegacias. Os dois que morreram também estavam sendo monitorados. Era o período do Ramadã, o tempo de jejum para os muçulmanos, e, com o anoitecer, eles queriam ir para casa comer, e não passar quatro horas em um posto policial. Por isso fugiram.

O jornal perguntou ao ex-líder estudantil qual seria a solução para o problema, e ele foi incisivo ao afirmar: "O país precisa de uma estratégia policial totalmente diferente. Em algumas cidades existe algo como mediadores que procuram relaxar aos poucos a atmosfera. Contudo, isso exige uma forte disposição da polícia para a autocrítica. Para quem acha que a violência só pode ser enfrentada com o endurecimento, eu tenho que advertir: isso não é um jogo de azar. A polícia pode se apresentar de forma dura e coibir a violência, mas, amanhã, os tumultos surgirão em Montpellier, Lyon ou Marselha."

Antes de nos despedirmos, o professor ainda mencionou outra onda de distúrbios estudantis, em março de 2006, dessa vez em protesto contra o contrato de trabalho proposto pelo governo francês. Houve confrontos entre estudantes e policiais nos arredores da Sorbonne, que, mais uma vez, ficou no centro das contestações.

— Nós, franceses, que sempre exportamos ideias para o mundo, precisamos agora desenvolver um novo paradigma de liderança, um modelo de inclusão que permita uma convivência mais saudável entre diferentes setores da sociedade e contemple, também, os filhos de imigrantes — arrematou o simpático professor da Sorbonne.

À tarde, fomos a um dos mais ricos museus do mundo, o Louvre, instalado em um edifício simbólico de Paris que começou a ser construído há oito séculos. O palácio já foi moradia dos reis da França, por isso guarda coleções que pertenceram a diversos monarcas. As 35 mil obras do acervo (antiguidades orientais, egípcias, gregas, etruscas, esculturas e pinturas) em exposição estão dispostas em três andares.

Percorremos suas galerias. Passamos mais de duas horas apreciando uma retrospectiva da obra de Rembrandt. Paramos diante das obras de Leonardo da Vinci. Já havíamos visitado a casa onde ele nasceu, em uma viagem de férias alguns anos antes. Fica perto de Florença, na pequena Vila de Vinci, origem de seu sobrenome.

Lembrei-me, então, de algo muito relevante a respeito do exercício da liderança: o estágio que Leonardo, ainda garoto, fez na oficina do mestre Verrocchio, amigo do seu pai. Passaram por ali outros talentosos aprendizes, como Perugino e Sandro Botticelli. Michelangelo também recebeu forte influência desse mestre.

Andrea del Verrocchio foi um pintor florentino, além de ourives e escultor, que trabalhou na corte de Lorenzo de Médici. Artista influente em sua época, abasteceu com o seu trabalho igrejas, claustros e famílias aristocráticas. Entre suas obras destacam-se a estátua equestre de Colleoni, que fica em Veneza e é universalmente admirada, a pintura de altar *O batismo de Cristo* e numerosas telas da Virgem com o menino.

Alguns episódios ocorridos na oficina do artista foram narrados no livro de memórias de Giorgio Vasari, um contemporâneo teórico, escritor, pintor e arquiteto. Na pintura *O batismo de Cristo*, por exemplo, Verrocchio contou com o auxílio do jovem Leonardo da Vinci, encarregado de fazer um anjo. "Pintou-o tão bem e de tal forma que o seu anjo era de longe muito melhor que as figuras pintadas pelo mestre", assinalou Vasari. Essa foi a primeira manifestação pictórica de Da Vinci. Depois, seu talento desabrochou e ele se tornou o gênio que toda a humanidade reverencia até hoje.

No dia seguinte, convidei minha mulher para caminhar um pouco, sem destino, para refletirmos sobre o documento que eu teria de produzir. Havia me comprometido a entregá-lo ao presidente da minha empresa tão logo voltasse. Aquele dia estava bem mais frio que os anteriores. O outono parisiense ia a caminho do inverno.

No percurso, passamos em frente à Catedral de Notre-Dame, grande exemplar da arquitetura gótica, que começou a ser construída em 1160 e foi concluída quase dois séculos depois, em 1345. A edificação se notabiliza pelos impotentes pórticos, as proporções harmônicas, a sobriedade da decoração, os magníficos vitrais, as torres que se erguem a 69 metros de altura. Subimos na torre para ver as gárgulas, citadas por Victor Hugo no clássico *O corcunda de Notre-Dame*.

Na saída da catedral, caminhamos mais um pouco e vimos o Palácio da Justiça, moradia dos reis da França até 1358, quando ainda se chamava Palais de la Cité. O prédio sofreu quatro incêndios e foi reconstruído várias vezes. Anexa ao palácio fica a Sainte-Chapelle, obra-prima de arquitetura, que tem os vitrais mais antigos e coloridos de Paris.

Assistimos ali, na hora do almoço, a um inesquecível miniconcerto de harpa e flauta. Foi uma experiência celestial. Os tímidos raios de sol penetravam pelos vitrais, produzindo efeitos visuais fantásticos.

Enquanto estava lá, no Palácio da Justiça, pensava no ideal de liberdade, igualdade e fraternidade. Qual será a próxima grande contribuição da França para o desenvolvimento da humanidade? Será que o país conseguirá superar a herança das ex-colônias? Sairá dali a solução para o problema dos excluídos? Será que no futuro Paris será lembrada como o "Templo da Inclusão"? Voltamos ao hotel, pedimos um lanche e o jornal *Le Monde*.

Enquanto esperava, fui passando os olhos pelas notícias. Encontrei um comentário interessante sobre um filme — *Paris, eu te amo* — muito aplaudido no Festival de

Cannes. Li o comentário em voz alta para minha mulher e combinamos de ver aquele filme depois que voltássemos para casa, como se fosse para matar as saudades de Paris, que sentiríamos, por certo. O filme me fez recordar as instruções do presidente: "Nessa última etapa, deixe sua sensibilidade falar mais alto."

Ao caminhar de volta para o hotel, começamos a fazer um inventário das diferentes emoções que captamos em Paris: admiração, rebeldia, ousadia para mudar, confiança em um ideal, coragem para defender uma causa, disposição para ensinar e aprender, capacidade de influenciar outras culturas, senso de realização, valores, desejo de lidar com a exclusão social.

No dia de ir embora, só tivemos tempo de preparar as malas e ir para o aeroporto. Antes de partir, fomos até o terraço do Hotel de Crillon. De lá podíamos contemplar a Place de La Concorde, o majestoso rio Sena, a imponente Torre Eiffel, o Arco do Triunfo. Era o local ideal para nos despedirmos de Paris, a Cidade Luz.

Minha esposa fez uma declaração de amor à cidade:

— Paris é uma grande obra de arte a céu aberto.

— Concordo com você — respondi. E acrescentei: — Na minha opinião, o Líder Inspirador deve ser como um artista: fazer de sua atuação uma obra de arte!

Trocamos um beijo demorado, selando a cumplicidade dos nossos sentimentos e das nossas descobertas.

Passamos na recepção do hotel, e resolvi enviar uma mensagem para o presidente da empresa onde eu trabalhava. Fui breve e objetivo: "Estou pronto para voltar. O verdadeiro personagem aqui é Paris. Desnecessário ir a Bruxelas. Regressamos hoje à noite."

11. As Cinco Forças do Líder Inspirador

Algumas horas depois de chegarmos em casa, recebi um telefonema da secretária do presidente informando que ele me convocava para uma reunião. Mal tínhamos desfeito as malas. Ainda precisávamos colocar em dia nossa correspondência pessoal, acertar as contas a pagar, abastecer a geladeira vazia.

Pelo tom de voz da secretária, percebi que a expectativa do encontro era bastante positiva e cordial. Ela me perguntou se já havia descansado e se necessitava de mais um dia para organizar as coisas. Pedi que marcasse a reunião para a tarde do dia seguinte. Necessitava de um tempo para finalizar o documento que prometera entregar a ele. Nos últimos dias em Paris, já havia rabiscado algumas ideias que iam compor o que chamei de as Cinco Forças do Líder Inspirador. Ela consultou rapidamente a agenda do presidente e sentenciou:

— Amanhã, às 17h30.

No dia seguinte, ao atravessar a porta da sala do presidente, tive uma sensação bem diferente daquela que havia experimentado seis semanas antes, quando entrei ali pela primeira vez. Estava muito mais confiante. Trazia agora uma proposta concreta, e não um problema. Admito que sentia uma ponta de orgulho por ter aceitado o desafio e chegar ali com uma contribuição ousada, uma ideia capaz de revolucionar o conceito de liderança. E que poderia ter alto impacto, não só na história daquela empresa, mas também na vida pessoal, profissional e familiar de muita gente.

Ele me recebeu com um largo sorriso, muito afável. Cumprimentei a vice-presidente comercial e o vice-presidente de Recursos Humanos, que mais uma vez tinham sido convidados para a reunião. Eles haviam recebido cópias de todos os meus relatórios durante a viagem. Ambos foram muito cordiais e simpáticos. Meu chefe imediato estava de férias, mas havia deixado suas observações com a chefe dele, a vice-presidente comercial. Conversamos durante quase duas horas.

— Houve momentos em que tive muitas dúvidas — confessei. — E alguns conflitos existenciais — acrescentei, com certo ar de mistério.

— Lidar bem com a dúvida e com os conflitos íntimos é um sinal de inteligência emocional — retrucou o presidente.

Pôs a mão no meu ombro e afirmou que o Líder Inspirador deve ter forças para tolerar incertezas, frustrações, angústias e, às vezes, até mesmo a dor do fracasso.

Assenti balançando a cabeça, e ele repetiu algo que já havia afirmado antes, só que dessa vez eu entendi lá no fundo do coração o significado de suas palavras:

— Os verdadeiros líderes precisam, como você fez, percorrer o caminho da liderança carregados de perguntas, e não de respostas.

— Demorei um pouco para entender isso, mas hoje concordo e me sinto confortável diante dessa colocação — respondi. E acrescentei algo que o tocou fundo: — Mas acho que o senhor também concorda que o líder, para ter sucesso, precisa de aliados. Precisa de confidentes, de pessoas com as quais possa se abrir, revelar seus medos. Temos que nos livrar daquela ideia antiga de que o líder é um guerreiro solitário. O líder que se isola pode acabar levando a família, a empresa ou a comunidade ao desastre.

Passamos então a trocar ideias sobre como formatar o programa para a tão sonhada Fábrica de Líderes na empresa. Em seguida entreguei a todos os presentes o documento que havia finalizado, onde sumariava as Cinco Forças que seriam a base do novo paradigma da liderança que estávamos buscando. Não me contive e comecei a explicar uma a uma:

AS CINCO FORÇAS DO LÍDER INSPIRADOR

PRIMEIRA

CONSTRUIR UM PROPÓSITO. TRABALHAR POR UMA CAUSA, NÃO APENAS EXECUTAR TAREFAS OU METAS.

O Líder Inspirador constrói com sua equipe um ambiente de motivação profunda ao deixar claro o significado que transcende a tarefa, o trabalho, a missão, o emprego das pessoas que o cercam. Indica o "porto de chegada" e as escalas intermediárias na "viagem" de uma equipe, uma família, um grupo comunitário, uma empresa, um país.

Deixa claro que o importante não é de onde vieram, nem onde estão, mas aonde desejam chegar.

Inventa o futuro, em vez de perder tempo tentando adivinhá-lo.

Ajuda as pessoas a identificar com clareza o rumo que pretendem seguir. Ajuda as pessoas a sentir que fazem parte de algo nobre, que vai muito além da simples troca de trabalho por remuneração. E a superar situações indesejadas ou inesperadas.

Direciona os esforços de mudança. Oferece às pessoas aquilo que mais desejam: uma bandeira, um significado para suas vidas. Mostra como objetivos e metas de curto prazo são fundamentais para a causa comum. Parte do princípio de que as pessoas se comprometem emocionalmente com objetivos e metas quando entendem o porquê das ações.

Acredita que as pessoas estão dispostas a oferecer o melhor de si e até mesmo a fazer sacrifícios, desde que compartilhem um Propósito, a Causa, o Porquê, o Rumo, a Razão de Ser do seu cotidiano.

SEGUNDA

FORMAR OUTROS LÍDERES, NÃO APENAS SEGUIDORES.

O Líder Inspirador cria condições para que seja revelado o potencial de liderança das pessoas com as quais convive. Seu papel não se resume a motivar seguidores.

Não é mais aquele que tem talento apenas para comandar.

Identifica, revela e forma outros líderes nas diferentes circunstâncias da vida: no trabalho, em casa, na escola, na comunidade.

Investe no desenvolvimento de futuros líderes.
Educa seus filhos para exercerem a liderança,
não apenas para obedecê-lo.

Dá oportunidades, cultiva os pontos fortes,
em vez de insistir nos pontos fracos das
pessoas que o cercam.

Contribui para montar a "Fábricas de Líderes"
em todos os níveis, não apenas no topo.

TERCEIRA

LIDERAR EM 360 GRAUS, NÃO APENAS EM 90 GRAUS.

O Líder Inspirador atua onde faz diferença, não fica confinado às "paredes" do seu território formal. Exerce a Liderança fora, para cima e para os lados. Não influencia somente quem está do lado de dentro em uma família, empresa ou equipe. Sabe que precisa exercer a liderança perante clientes, parceiros e comunidades. Às vezes, tem que intervir em operações de seus fornecedores para que garantam o padrão de qualidade e o custo necessários.

Deve influenciar as associações de classe do setor em que atua. O Líder Inspirador consegue liderar também para cima. Numa empresa, isso significa influenciar seu chefe, os diretores, o presidente, os acionistas, enfim, todos aqueles que, na escala de poder, ocupam uma posição superior. Essa atitude requer coragem, ousadia, iniciativa, criatividade.

No dia a dia, isso implica levar propostas de decisões para esses escalões, em vez de ficar esperando receber ordens prontas para serem implantadas. Está sempre ligado em oportunidades.

A filha líder influencia o pai.

O jogador influencia o treinador da equipe.

O verdadeiro líder também consegue articular e obter sinergia de seus pares, pessoas do mesmo nível hierárquico, isto é, lidera para os lados. Exibe empatia, tem capacidade de levar em consideração os sentimentos dos outros na hora de tomar decisões. Comanda pessoas que estão fora de sua equipe.
O Líder que o momento exige é um integrador, constrói coalizões.

Aglutina as pessoas. Estimula e premia a colaboração. Obtém sinergia no todo de uma organização e também fora dela: entre a empresa e seus clientes; entre a empresa e a comunidade; entre parceiros, somando forças.

Constrói pontes em vez de paredes.

QUARTA

SURPREENDER PELOS RESULTADOS, FAZENDO MAIS DO QUE O COMBINADO.

O Líder Inspirador consegue obter resultados incomuns de pessoas comuns. Surpreende, superando sempre o esperado. Em vez de simplesmente dar ordens e cobrar rendimento, incentiva cada um a fazer o seu melhor, porque dá o seu melhor. Não espera acontecer.

Cria as oportunidades. Estimula o senso de urgência, não deixa as coisas para amanhã. Incentiva parcerias, apoia iniciativas. Prioriza aquilo de que a equipe precisa, não apenas o que desejam seus integrantes.

Consegue o grau de compromisso e disciplina necessário para alcançar sonhos definidos em conjunto, não apenas satisfações imediatas. Celebra os sucessos e as pequenas vitórias. Distribui parte dos resultados gerados, em retribuição à comunidade. Avalia desempenhos, dá oportunidades, mas sabe detectar os improdutivos. Consegue equilibrar a busca do sucesso profissional com suas necessidades pessoais, familiares, espirituais. Sabe compatibilizar as pressões da sobrevivência de curto prazo com as necessidades de longo prazo, o hoje com o amanhã. Cuida do presente enquanto cria o futuro.

QUINTA

INSPIRAR PELOS VALORES, NÃO APENAS PELO CARISMA.

Essa é a tarefa mais importante do Líder Inspirador.

O sistema de valores é a "cola" que une as outras quatro forças, a que dá sentido a tudo e se torna o critério de avaliação das outras forças. O Líder Inspirador que o momento exige compreende que o critério do sucesso não é apenas o resultado, mas também a forma como o resultado é obtido. E como o resultado é utilizado.

Constrói um código de conduta junto aos membros dos grupos dos quais faz parte, em torno de valores que são explicitados, disseminados e praticados. Constrói uma cultura bem-aceita e com a qual todos se comprometem. A cultura de uma empresa é o ativo intangível que não aparece nos balanços.

Pode ser também o passivo, dependendo de como seus membros se comportam. O Líder Inspirador cria um clima de transparência, aprendizado contínuo, inovação, proatividade, paixão, humildade, inteligência emocional.

Cultiva a capacidade de servir clientes, fornecedores, comunidades, parceiros, o liderado. Encara o empreendedorismo como um estado de espírito, não como sinônimo de pessoa jurídica. O Líder Inspirador fala aos olhos, não apenas aos ouvidos. Coerente, serve de modelo sobretudo pela sua conduta. Pratica os valores que defende não apenas quando está no exercício do seu papel formal de líder. Assim o faz 24 horas por dia: em casa, no clube, na rua, na fila do cinema, no check-in do aeroporto, ao procurar uma vaga para estacionar o carro. É líder em tempo integral, em vez de ser um "líder de meio período" quando está no trabalho.

Quando terminei, ouvi um profundo silêncio, só interrompido pelo barulho do manuseio das folhas de papel.

Após ler mais de uma vez o documento e fazer algumas anotações nas margens e no verso, o presidente exclamou:

— Essas Cinco Forças constituem uma nova forma de pensar sobre Liderança! Você poderia, por favor, desenhá-las ali no quadro da sala de reunião?

Respondi que sim. Levantei-me e todos me acompanharam até a sala ao lado. Rabisquei rapidamente um círculo com as Cinco Forças interligadas.

As Cinco Forças do Líder Inspirador 2.0

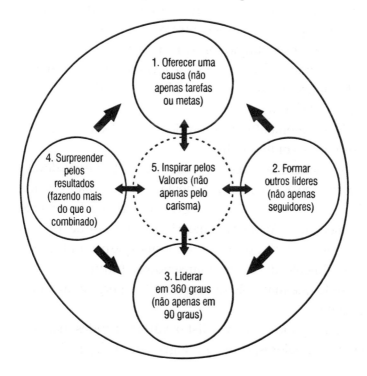

O presidente disse, então, que faltava algo muito importante:

— Falta adicionar o conjunto de atitudes e posturas que os futuros líderes precisam eliminar. Só conseguimos adquirir novos comportamentos e hábitos quando estamos dispostos a deixar de fazer algo que praticávamos antes. Estão lembrados do nosso primeiro encontro? Naquele dia, eu verbalizei coisas que me incomodam e que os líderes devem abandonar. Aquela forma de pensar que já não serve mais e acaba aprisionando as pessoas. Por exemplo, pensar que "os liderados são pagos para fazer e não para pensar"; que "o líder inspira pelo carisma"; que "o líder tem de ser melhor que os liderados"; ou que "o líder já nasce líder". E o pior de tudo: pensar que existe um estilo de líder ideal e que você precisa diagnosticar em qual quadrante se encontra para mudar o seu estilo, muitas vezes tentando ser o que não é...

Foi então que o presidente se levantou, pegou um pincel atômico e começou a desenhar no quadro um outro círculo de coisas a eliminar.

Nesse momento o vice-presidente de Recursos Humanos não se conteve e disse:

— Mas existem coisas que são eternas. E que não devem mudar. São os valores fundamentais que são a base de uma sociedade. Por exemplo, a integridade. Independentemente do modelo de liderança, a integridade foi a base de conduta de muitos líderes no passado e, mesmo que o mundo mude radicalmente, deve continuar sendo no futuro.

— O que mais não deve mudar? — perguntou o presidente.

Começamos, então, a listar várias atitudes, hábitos, crenças e valores, como a Integridade, a Capacidade de

Relacionamento, as Competências da Comunicação e de Falar em público, a Inovação, a Criatividade, a Coragem, a Flexibilidade para agir em situações diversas e com pessoas de diferentes níveis de maturidade.

A vice-presidente comercial levantou-se e começou a desenhar o terceiro círculo com a lista de valores a consolidar.

Continuamos trocando ideias em torno daquela obra coletiva. Era evidente o nível de satisfação de todos. Cada um foi se lembrando de exemplos. Passamos a analisar pessoas públicas que ocupam posições de comando e a conversar sobre alguns políticos, artistas, celebridades, empresários famosos e até gerentes da empresa. Ficou relativamente fácil avaliar a liderança sem precisar detalhar o estilo de cada um.

À medida que analisávamos os exemplos práticos de vários líderes, foi ficando claro que "construir um propósito, trabalhar por uma causa" e "inspirar pelos valores" (as Forças número 1 e número 5) andam de mãos dadas. São indissociáveis. Chegamos também à conclusão de que poucos são os líderes — raríssimos, na verdade — eficazes nas Cinco Forças. Ou seja: não existe líder perfeito!

Todos os líderes sobre os quais conversamos, mesmo os mais reconhecidos e admirados publicamente, precisam fazer um esforço para se desenvolver em uma ou duas Forças. A grande lição é que o líder deve melhorar continuamente e buscar pessoas que o complementem, tanto na vida profissional quanto na família, no casamento, na vida comunitária. Os líderes eficazes cercam-se de pessoas que os complementam.

Entusiasmado com essas considerações, o presidente afirmou que convocaria uma reunião com toda a diretoria. O intuito era que eu fizesse uma apresentação daquele esquema e defendesse as razões pelas quais ele deveria servir de base para o programa de treinamento dos líderes atuais, além de definir o perfil daqueles que viriam a ser recrutados no futuro.

Explicou que eu deveria enfatizar as atitudes e posturas daquele que convencionamos chamar de Inspirador. E trazer exemplos concretos para ilustrar as Cinco Forças desse tipo de Líder. Mas avisou que a reunião só seria marcada para dali a vinte dias, tendo em vista que alguns membros da Diretoria estavam no exterior visitando outras filiais e que dois deles estavam de férias.

Levantei-me para sair. Quando já estava em pé, disse algo que sentia, mas não conseguira expressar antes.

— Falta mais uma coisa. Talvez seja o mais intangível de tudo — observei. — Nada disso funciona se o líder não for, antes de tudo, um líder de si mesmo. O Líder Inspirador, que o momento requer, tem de ser líder da própria vida. Quando falamos de líderes, sempre pensamos em como liderar outros. Precisamos começar a pensar em liderar a nós mesmos. E, para isso, cada um precisa ter uma profunda percepção de suas emoções, seus pontos fortes e fracos, necessidades, desejos e impulsos. Quem possui um elevado nível de autoconhecimento — continuei — sabe o efeito que seus sentimentos têm sobre si mesmo, sobre as outras pessoas e sobre seu desempenho. Por exemplo, um líder que reconhece sua dificuldade em lidar com prazos muito curtos planeja seu tempo cuidadosamente e delega tarefas com antecedência. Quem se conhece bem sabe aonde quer chegar e por quê. Assim é capaz de recusar uma oferta de trabalho financeiramente tentadora, se ela for contra seus princípios ou não se alinhar com seus objetivos de longo prazo. Por outro lado, quem não se conhece acaba tomando decisões que geram insatisfação interior por ferirem valores profundos.

E continuei afirmando que quem se conhece admite seus fracassos com franqueza e até relata essas situações com um sorriso — uma das características de quem se conhece bem é a capacidade de rir de si mesmo, outra é a autoconfiança. Aposta em seus pontos fortes, mas sabe pedir ajuda, se necessário. Decifrar-se é o mais complexo dos enigmas da liderança. E disparei:

— Liderar a si mesmo talvez seja o verdadeiro enigma do Líder Inspirador.

Naquele momento, o presidente mais uma vez me parabenizou pelo trabalho realizado.

Disse-me que a frase que eu havia pronunciado — "O verdadeiro líder tem de ser um líder de si mesmo"— merecia um brinde especial. Aquele era o maior de todos os achados.

— Ninguém consegue liderar outros enquanto não aprender a ser líder de si mesmo! — repetiu, saboreando cada palavra.

Acrescentou ter ficado feliz porque minha mulher havia não apenas me acompanhado, mas compartilhado o desafio. E, sorrindo, insinuou que merecíamos pelo menos uma semana de folga.

Agradeci, satisfeito.

Quase perdi o fôlego, tamanha a euforia. Por mais que eu e minha mulher tivéssemos apreciado as viagens anteriores, em todas elas havia um local definido e uma missão a cumprir. Daquela vez, não. Seriam férias verdadeiras. Poderíamos nos desligar de tudo, apenas relaxar e nos divertir por uma semana.

Eu ainda tinha, porém, uma tarefa a cumprir. Fui até minha sala de trabalho e pedi que toda a minha equipe se reunisse. Informei o que estive fazendo nas semanas que passara fora. Apresentei a eles o esboço do que chamei de as Cinco Forças do Líder Inspirador. Comuniquei que me ausentaria por mais uma semana e, em seguida, voltaria para continuar nosso trabalho.

Falei algumas palavras de estímulo e passei um pequeno "dever de casa": pedi que cada um identificasse posturas e hábitos que deveríamos eliminar e atitudes que deveríamos consolidar. Sugeri que cada um se autodiagnosticasse com relação às Cinco Forças do Líder Inspirador, listando o que precisava adquirir. Por último, solicitei que pensassem em sugestões e contribuições para as ideias que apresentei.

A reunião com minha equipe foi o primeiro resultado prático que produzi dentro da nova visão de liderança. Percebi que entenderam e senti comprometimento da parte deles.

Deixei claro que ninguém nasce pronto. E que confiava na capacidade deles para buscar o próximo patamar no seu próprio desenvolvimento como líder. E perguntei para cada um:

— Você é o Líder da sua vida?

Epílogo

Você é o Líder da sua vida?

Comecei essa jornada com medo do fracasso, angustiado, esperando que outros dessem respostas às minhas dúvidas. E agora termino consciente de que preciso ser líder de mim mesmo para poder liderar melhor outras pessoas.

A primeira parte da missão está cumprida. Agora começará uma nova etapa, em que certamente terei novas perguntas e novas descobertas pela frente.

Afinal, a gente não nasce líder, e sim aprende a ser líder. Um Líder Inspirador se faz à medida que se caminha...

Um ano depois, minha esposa e eu saímos de merecidas férias. Estávamos bastante cansados e decidimos passar uma semana na Espanha. Escolhemos esse destino pela sua diversidade. Vários países em um só, cada região com uma história e costumes diferentes. O difícil seria ver tudo o que sonhávamos em tão pouco tempo.

Desembarcamos no aeroporto de Barajas, em Madri, e ao atravessarmos a Gran Vía, a caminho do nosso hotel, começamos a descobrir os detalhes dessa efervescente cidade. Fizemos o roteiro de todo turista: Plaza de Toros, Museo del Prado e Plaza Mayor. Desejávamos conhecer a Catalunha, terra do pintor e escultor Salvador Dalí. Em especial, Barcelona e as obras do grande arquiteto Gaudí.

Viajar de avião, saltando de cidade em cidade, estava fora de nossos planos. Queríamos curtir os detalhes, os momentos, cada ponto da viagem, que, afinal, é tão importante quanto o porto de chegada. Decidimos alugar um carro e partir em direção ao sul, região da Andaluzia, onde, além de Granada e Sevilha, pretendíamos conhecer Málaga, a cidade natal de um dos grandes artistas do século XX, o pintor e escultor Pablo Picasso. Assim que chegamos, tomamos café em um botequim na praça em frente à casa onde o artista nasceu, enquanto nos recobrávamos da emoção que sentimos ao ver detalhes da sua infância, como o primeiro rabisco que fizera aos 9 anos de idade. O garçom que nos servia sugeriu um passeio a Marbela, local de veraneio do *jet set* internacional. E mencionou Gibraltar, domínio inglês encravado na Espanha, localizado a poucos quilômetros dali.

Ficamos curiosos com aquela história de um território de um país dentro de outra nação independente. Ainda mais depois que o garçom adicionou uma pitada de sal e pimenta à sua narrativa:

— Foi em Gibraltar que John Lennon se casou com Yoko Ono, em 1969. Estavam em um navio no Mediterrâneo e ele, cidadão inglês, com pressa de casar, resolveu formalizar a união ali mesmo. Gostaram tanto que a música "The Ballad of John and Yoko" foi inspirada no território britânico de Gibraltar.

Cruzamos a fronteira entre a Espanha e a possessão inglesa e pegamos um teleférico para o ponto mais alto, o Topo da Rocha. De lá pudemos vislumbrar o estreito de Gibraltar: só 13 quilômetros entre Tarifa, extremo sul da península espanhola, e Tanger, extremo norte do Marrocos! De um lado, o sul da Europa, o mundo ocidental. Do outro, o norte da África, o mundo árabe. À esquerda, o penetrante azul do mar Mediterrâneo. À direita, a intensa movimentação do oceano Atlântico. O rochedo de Gibraltar é uma das esquinas onde vários mundos se encontram. Mundos tão perto e tão longe. Culturas tão diferentes, separadas por apenas 13 mil metros.

Minha mente descolou do corpo e voou longe ao procurar entender a situação peculiar daquele rochedo — sólido, forte, alto, estratégico —, cercado pela fluidez das águas. De repente, percebi que ele simbolizava a síntese do nosso mundo: a estrutura sólida que insistimos em construir, cercada pela volatilidade da realidade.

Gibraltar, um ícone para navegadores, deveria se tornar um ponto de peregrinação para os eternos aprendizes da Liderança.

Virei para a frente, fixando o olhar naquelas duas extremidades. Percebi que minha mulher olhava na mesma direção e compartilhei com ela meus pensamentos. Lembramos, então, do que tínhamos aprendido ao longo daquela jornada iniciada com a resposta inesperada a um e-mail que eu tivera a ousadia de enviar.

— Antes de liderar os outros, tenho de aprender a liderar a mim mesmo! — disse ali em voz alta, recebendo um olhar compreensivo da minha esposa.

Sabemos que, ao liderar, desafiamos as pessoas a mudarem seus hábitos, posturas, atitudes, comportamentos, modos de pensar. Enfim, a modificar a forma de encarar suas vidas. Mas, ali em Gibraltar, entendia com profundidade que a mudança começa dentro de cada um de nós. O Líder Inspirador deve começar a mudança em si.

Não me contive e recitei alguns versos atribuídos ao maior poeta da língua portuguesa, Fernando Pessoa, mas que na realidade foram enunciados por outro Fernando, o Teixeira Andrade, mestre de Literatura que ensinava no Colégio Objetivo na Avenida Paulista:

"Há um tempo em que é preciso abandonar as roupas usadas, que já têm a forma do nosso corpo, e esquecer os nossos caminhos, que nos levam sempre aos mesmos lugares

E o tempo da travessia: e, se não ousarmos fazê-la, teremos ficado, para sempre à margem de nós mesmos."

Inspirados por aquele cenário espetacular que se descortinava a nossos olhos, eu e minha esposa assumimos o compromisso de mudar. E demos o primeiro passo.

Fizemos o que deve ser feito por todos aqueles que querem iniciar profundas transformações na família, na empresa onde trabalham, na comunidade, no mundo.

Primeiro, relacionamos aqueles valores dos quais não abrimos mão e devemos ADQUIRIR. Salientamos nosso comportamento de transparência e ética, o respeito mútuo, a busca pela verdade. Depois enumeramos os hábitos, comportamentos, posturas e atitudes que precisamos ELIMINAR. Listamos a mania de querer controlar tudo, de centralizar decisões. Finalmente, fizemos uma lista de tudo o que precisamos CONSOLIDAR, como procurar mais o significado das coisas, o compromisso de revelar líderes à nossa volta, o hábito de lutar para que cada um dê o melhor de si. Em resumo, fizemos uma lista de tudo o que precisa mudar em cada um de nós.

Você, que chegou até aqui nesta jornada, faça o mesmo! Liste o que precisa mudar em você para se tornar um Líder que o momento exige:

Quais atitudes e valores você precisa ADQUIRIR? Quais você precisa ELIMINAR?

Quais precisa CONSOLIDAR?

Vamos lá, coragem!

Agradecimentos

Aos diversos líderes com os quais tenho convivido ao longo de minha trajetória. E que me fizeram entender que cada um, antes de pretender liderar os outros, deve aprender a liderar a si mesmo.

Aos sócios e colegas de trabalho na Empreenda, pela confiança nas ideias que se transformaram nesta obra.

À equipe da Editora Record (selo Best Business), especialmente Bruno Zolotar, Bruna Neves e Andreia Amaral, pelo empenho e dedicação para viabilizar esta obra em tempo hábil.

A Luciana Vilas Boas, minha querida agente literária, pelo encorajamento em todos os momentos de aflição.

A Cristina Nabuco, sempre vigilante com a qualidade dos meus textos.

A você, leitor, pelo tempo e pela energia que investiu para chegar até aqui comigo nessa jornada. Espero retribuir contribuindo para que você se torne o Líder Inspirador que o momento exige.

Bibliografia e fontes de consulta

Livros

COLOMBINI, Luis. *Aprendi com meu pai*. São Paulo: Versar, 2006.

CORTELLA, Mario Sergio. *Não nascemos prontos*. Rio de Janeiro: Vozes, 2006.

CRUZEIRO, Maria Manuela. *Melo Antunes: O sonhador pragmático*. Lisboa: Notícias, 2004.

GARDNER, Howard. *Mentes que mudam*. Porto Alegre: Bookman, 2005.

GIULIANI, Rudolph. *Leadership*. Nova York: Miramax Books/Hyperion, 2002.

GROSS, Michael. *Modelo: O mundo feio das mulheres lindas*. Rio de Janeiro: Objetiva, 1996.

HUNTER, James C. *Como se tornar um líder servidor*. Rio de Janeiro: Sextante, 2006.

HUNTER, James C. *O monge e o executivo*. Rio de Janeiro: Sextante, 2004.

JÚLIO, Carlos Alberto. *Reinventando você*. Rio de Janeiro: Campus, 2002.

KOTTER, John P. *Liderando mudanças*. Rio de Janeiro: Campus, 1997.

KOUZES, James M.; POSNER, Barry Z. *O desafio da liderança*. Rio de Janeiro: Campus, 2003.

KRAMES, Jeffrey A. *O estilo Jack Welch de liderança*. Rio de Janeiro: Campus, 2005.
MANDELA, Nelson. *Nelson Mandela: A luta da minha vida*. São Paulo: Globo, 1989.
MILLER, John G. *Você é mais capaz do que pensa*. Rio de Janeiro: Sextante, 2005.
MORITA, Akio et al. *Made in Japan*. São Paulo: Cultura, 1986.
MUSSAK, Eugenio. *Metacompetência*. São Paulo: Gente, 2003.
PANDYA, Mukul; SHELL, Robbie. *Liderança duradoura*. Porto Alegre: Bookman, 2005.
PETERS, Tom. *Reimagine!* São Paulo: Futura, 2004.
SILVEIRA, Mauro. *13 histórias que vão inspirar você — Especial Você S/A*. São Paulo: Abril, 2006.
SOUZA, César. *Jogue a seu favor*. Rio de Janeiro: Best Business, 2017.
SOUZA, César. *O momento da sua virada*. São Paulo: Gente, 2004.
SOUZA, César. *Você é do tamanho de seus sonhos*. Rio de Janeiro: Best Business, 2016.
SOUZA, César. *Você merece uma Segunda Chance*. Rio de Janeiro: Best Business, 2017.
WEISBERGER, Lauren. *O diabo veste Prada*. Rio de Janeiro: Record, 2005.
WITER, Yoram; CROOK, C.; GUNTHER, R. *A força dos modelos mentais*. Porto Alegre: Bookman, 2005.
WONG, Robert. *O sucesso está no equilíbrio*. Rio de Janeiro: Campus, 2005.
YOSHIDA, Ernesto. *13 lições de liderança — Especial Você S/A*. São Paulo: Abril, 2005.

Artigos

"50 lições de liderança", por Tom Peters. *Você S/A*, Especial Liderança. Disponível em: http://www.vocesa.com.br, 6/4/2006.
"A discreta retomada da Xerox", por Darcio Oliveira. *Isto É*, Dinheiro, Negócios. Disponível em: http://www.terra.com.

br/istoedinheiro/ 235/negocios/235_discreta_retomada.
htm, 27/2/2002.

"A vez dos líderes anônimos", por Daniela de Lacerda. Entrevista com o filósofo Mario Sergio Cortella. *Você S/A*. Disponível em: http://vocesa.abril.com.br/informado/aberto/ar_127824.shtml

"Além do próprio ninho", por Tatiana Chiari; "Receita nova" e "No supermercado, na favela, no bar", por Silvana Mautone. Portal Exame 2006.

"As estrelas do Norte (MASA)", por Renata Avediani. *Exame*, 150 melhores empresas para você trabalhar. Edição especial, 2006.

"As lições de liderança de Rudolph Giuliani", por Leandro Vieira. Palestra realizada no seminário Sumário HSM, São Paulo.

"Afinal elas estão chegando lá", por Denise Dwek. Exame, 30/8/2006. "África lembra os 30 anos do Soweto." *A Tarde*, 17/6/2006.

"Akio Morita", por Peter Ross Range. *Playboy*, edição 86.

"Brasileiros do século — Empreendedor: Jorge Gerdau Johanpeter". *Isto É*, Biblioteca Isto É. Disponível em: http://www.terra.com.br/istoe/biblioteca/brasileiro/empreendedor/emp11.htm

"Carlos Ghosn, presidente mundial da Nissan". Entrevista para o Portalqualidade.com realizada pela Enfato Comunicação Empresarial. Disponível em: http://www.portalqualidade.com/noticias/entrevistas/mostra_carlos_ghosn.asp?m=s, dezembro de 2004.

"Cinco pães e dois peixes". Entrevista com a Dra. Zilda Arns. *O Estado de S. Paulo*, 3/12/2006.

"Como vencer o desafio de crescer", por Maria Luisa Mendes. *Exame PME*, Eles venceram o desafio do crescimento. Edição especial, outubro de 2005.

"Como vender alimentos à Classe C", por Ivan Martins. *Isto É Dinheiro*, 14/12/2005.

"Dentro da mente do líder". *Harvard Business Review*, janeiro de 2004.

"Do Brasil emerge um gigante do aço". *Raízes do Sul*. Disponível em: http://www.raizesdosul.com.br/gerdau_nyt.htm, 30/8/2001.

"Embraer só perde para Boeing e Airbus em jatos comerciais". *Folha de S. Paulo*, 3/12/2006.

"Embraer vai investir". *O Estado de S. Paulo*, 15/12/2006.

"Fortune — 50 Most Powerful Women". *CNN Money*. Disponível em: http://money.cnn.com/magazines/fortune/mostpowerful women/2006

"Gerdau lidera ranking de empresas mais internacionalizadas do país", por Patrícia Cançado. *O Estado de S. Paulo*, Economia & Negócios, 25/10/2006.

"Ghosn reorganiza Nissan nos EUA". *Valor Econômico*, 3/7/2006.

"Jack estava errado?", por Angela Pimenta. *Exame*, 27/7/2006.

"Montadoras: Operação Salva-vidas — Uma Mão para a GM". *Isto É Dinheiro*, 12/7/2006.

"O gênio da liderança", por Nelson Blecher e Ângela Pimenta. *Exame*, 27/4/2005.

"O McDonald's dos cabeleireiros", por João Paulo Gomes. *Exame PME*. Edição especial, outubro de 2005.

"O rei das churrascarias". *Vida Executiva*, agosto de 2006.

"O Spielberg do videogame", por Denise Dweck. *Exame*, 1/6/2006.

"Quem vai suceder este homem?", por Suzana Naiditch e Cristiane Mano. *Exame*, 9/3/2006. Disponível em: http://portalexame.abril. com.br/revista/exame/edicoes/0863/gestao/m0081031.html

"Show dos milhões", por Nelson Blecher. *Exame*.

"Um campeonato por dia", por Claudia Vassalo. *Exame*, 3/7/2002.

"Vingança em alto estilo", por Maurício Stycer. *Carta Capital*. Disponível em: http://www.cartacapital.com.br, 27/11/2006.

Eventos

VI Fórum de Presidentes. Promovido pela ABRH.
Career Fair 2006. Promovido por *Você S/A*, com palestras de James C. Hunter e painel com Eduardo Bom Angelo, Heloísa Helena Belém (Zica) e Ulisses Tapajós Neto, sob a coordenação de Maria Teresa Gomes.
ExpoManagement 2003, 2004, 2005 e 2006. Promovidos pela HSM do Brasil.
Fórum Exame PME 2006. Depoimento de Howard Putnam sobre o Case Southwest, em 16/10/2006.

Filmes

A vida de Leonardo Da Vinci. Direção: Renato Castellani. Itália, 1972.
Alexandre, o Grande. Direção: Robert Rossen. EUA, 2004.
Apollo 11. Direção: Norberto Barba. EUA, 1996.
Dois filhos de Francisco. Direção: Breno Silveira. Brasil, 2005.
Kundun. Direção: Martin Scorsese. EUA, 1997.
O diabo veste Prada. Direção: David Frankel. EUA, 2006.
Paris, eu te amo. Direção: Vários. França, 2006.
O destino de uma nação. Direção: Joe Wright. Reino Unido, 2017

Sites

http://www.anc.org.za/people/mandela.html [Perfil de Nelson Rolihlahla Mandela.]

http://www.businessweek.com/magazine/content/03_30/b3843105.htm [Biografia de Charlene Begley, executiva da GE.]

http://www.starnews2001.com.br/dalai.html [Biografia de Sua Santidade, o Dalai-Lama.]

Sobre o autor

César Souza é um dos consultores e palestrantes mais requisitados do país, com vários clientes na lista das Maiores e Melhores Empresas do Brasil.

Fundou e preside a Empreenda, empresa de consultoria que se diferencia pela aplicação de bem-sucedidos tipos de soluções integradas: Estratégias Inovadoras, Desenvolvimento de Líderes e Cultura da Clientividade®. César atua também como mentor de vários empresários e executivos e como membro do Conselho de Administração em algumas empresas e do Instituto Via de Acesso. Coordena programas diferenciados de desenvolvimento de líderes, tendo realizado workshops e palestras nos Estados Unidos, Japão, Portugal, Espanha, Peru e Colômbia.

Considerado pelo Fórum Econômico Mundial de Davos, na Suíça, um dos 200 Líderes Globais do Futuro, o autor já vendeu cerca de 400 mil exemplares de seus diversos livros — *Você é do tamanho dos seus sonhos*, *Clientividade®*, *Você merece uma Segunda Chance*, e um livro sobre empreendedorismo, o *Jogue a seu favor*. Colabora em jornais e revistas, além de produzir o Blog. CesarSouza.net.

O autor foi o idealizador e protagonista do LÍDERES EM AÇÃO, veiculado na ManagemenTV da HSM, o primeiro programa na televisão brasileira sobre o tema Liderança.

Visite o Blog.Cesarsouza.net
Contato com o autor: cesarsouza@empreenda.net

best.
business

Este livro foi composto na tipografia Palatino LT Std,
em corpo 11/15, e impresso em papel off-set 75g/m² no Sistema
Cameron da Divisão Gráfica da Distribuidora Record.